MZ 의대 교수가 알려주는
의과학
대학원생 가이드북

김광은 지음

연구는 어렵고, 논문은 낯설고, 발표는 두렵다?

- 서울대 KAIST 출신 저자
- BRIC 누적 조회수 12만
- 교수 임용 준비 비결

바른북스

들어가기

1. 과학자가 되어 다행이라고 생각합니다. 같은 꿈을 가진 분들에게 도움이 되었으면 합니다.
2. 보통의 사람들을 위해 적고자 했습니다. 누군가는 처음에 자전거 타는 법을 알려줘야 하니까요.
3. 본 도서는 생물학연구정보센터(BRIC)에 게재한 원고들을 재편집하여 출판되었습니다.

들어가기

Part I.
연구의 시작, 논문 읽기

논문, 대체 왜 읽어야 할까? ········· 10
똑똑한 연구자는 논문 선정부터 다르다! ········· 16
어려운 논문도 핵심만 뽑아 읽는 비법 ········· 22

Part II.
발표 지옥에서 살아남기

첫 발표, 대체 어떻게 해야 하지?! ········· 30
교수님이 만족할 발표 전략 ········· 35
학회 발표, 망하지 않는 법 ········· 40

Part III.
논문 투고, 이렇게 하면 성공한다

논문 투고 전, 이것만은 꼭 체크하자! ·················· 48
디테일이 중요한 부속 내용 가이드 ··················· 53
완성도 높은 본문, 이렇게 쓰면 된다! ················ 59

Part IV.
연구비 없이는 연구도 없다!

연구는 왜 하는 걸까? ································· 68
심사위원이 원하는 연구제안서는 따로 있 ············· 74
연구비 심사를 통과하는 숨은 비밀 ··················· 79

Part V.
교수가 되고 싶다면?

시작이 반! 매력적인 CV 작성법 ·················· 88
지원 서류, 읽고 싶은 문서로 다듬기 ·················· 94
합격률을 높이는 면접과 발표 전략 ·················· 101

Special Section.
노벨상으로 배우는 의과학

노벨상 한두 개는 집에 있잖아요? ·················· 110
비타민이 받은 노벨상, 몇 개일까요? ·················· 117
병원에서 현실이 된 혁신 기술 ·················· 124

Part I.

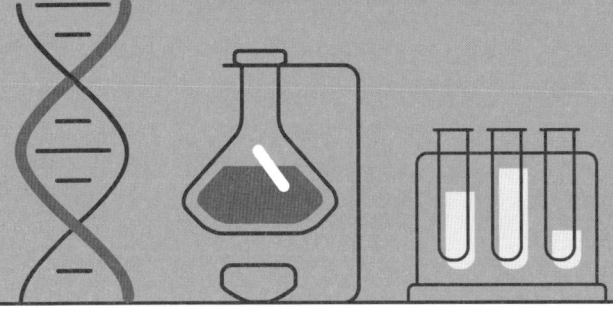

연구의 시작, 논문 읽기

논문, 대체 왜 읽어야 할까?

안녕하세요, 저는 연세대학교 원주의과대학 융합의과학부 조교수 김광은입니다. 연구가 낯선 여러분에게 도움을 드리고자 글을 엽니다. 자, 연구를 시작하려면 논문부터 읽으라는 말을 많이 합니다.

그런데, 논문을 왜 읽어야 할까요?
외우려고 읽는 것은 아닙니다.

논문을 읽는 이유는 암기해서 시험을 보려는 것이 아니라, **인류 지식의 한계를 파악**하기 위한 것입니다. 지금, 이 순간에도 전 세계의 과학자가 수많은 논문을 출판하고 있습니다. 즉, 새로운 발견은 끊임없이 일어납니다. 지금까지 읽은 교과서 안에는 논란의 여지가 없는 확실한 지식만이 담겨 있습니다. 그러나 검증 과정에서 최초 발견과 대략 5~10년 정도의 차이가 발생하며, 또 모든 내용을 담을 수 없어서 저자에 따라 일부 내용이 빠지기도 합니다. 반면 논문은 분야별로 세부 내용이 계속 업데이트되기 때문에 능동적으로 찾아 읽어야 합니다.

논문이 담고 있는 지식 체계의 이해를 돕기 위해 몇 가지 이론을 소개하고자 합니다.

1 블룸의 교육목표 분류(Bloom's Taxonomy)

첫 번째는 교육심리학자인 벤저민 블룸(Benjamin Bloom)의 수정된 6단계 교육목표이며 기억, 이해, 적용, 분석, 평가, 창조로 구분됩니다. 이 중 앞의 3단계는 익숙한 부분입니다. **기본적인 사실을 외우고, 이해하고, 적용하는 것**이죠. 학부 과정의 전형적인 교육 방식이며 이것만 잘해도 사회에서 충분히 우수한 인재로 평가받습니다. 그러나 대학원에서는 그다음 단계인 분석, 평가, 창조로 넘어갑니다.

4단계는 분석입니다. 분석은 아이디어 사이의 관계를 밝히는 일입니다. 서로 다른 정보 사이에 어떤 관계가 있는지 비교하면서 공통적인 부분과 차별적인 부분을 알아내는 단계입니다.

5단계는 평가입니다. 이 단계부터 본인의 주관이 포함됩니다. 스스로 기준을 세우고 무엇이 왜, 더 중요한지, 장단점은 무엇인지, 더 좋은 방법은 없는지 찾아낼 수 있어야 합니다.

6단계는 창조입니다. 이 단계에서는 기존 아이디어를 조합하여 새로운 대안, 해결책, 이론 등을 제안합니다. 대학원에서 6단계는 논문이 학계에서 인정받아 출판되는 것을 기준으로 하며 그 인증서로 박사 학위를 수여합니다. 즉, 논문은 누군가의 창조적인 박사 주제이면서 여러분이 완성해야 할 글이기도 합니다.

2. 유능감의 4단계(Four Stages of Competence)

다음은 심리학에서 말하는 유능감의 4단계입니다. 유명한 베이시스트인 앤서니 웰링턴(Anthony Wellington)이 악기 수업 중에 소개해서 앤서니 웰링턴의 의식의 4단계라고도 알려져 있습니다. 관련 영상은 유튜브에도 있고 **악기를 배워보신 적**이 있으시면 이해가 편하실 겁니다.

1단계는 무의식적 무능입니다. 쉽게 표현하자면 '무엇을 모르는지 모르는 상태'입니다. 즉 처음 배우는 단계에서는 아무 지식이 없어서 무엇을 모르는지, 무엇을 알아야 하는지 알 수 없습니다.

약간의 지식이 쌓이면 2단계인 의식적 무능에 진입합니다. 이 때부터는 '무엇을 모르는지 아는 상태'입니다. 나에게 어떤 부분이 부족한지 깨닫고 연습을 통해 채워가는 과정입니다. 학부생 시절을 떠올려 보세요.

이 단계를 넘어가면 3단계인 의식적 유능으로 올라갑니다. '무엇을 아는지 아는 상태'입니다. 내가 가지고 있는 지식의 범위를 파악할 수 있고 아는 것과 모르는 것을 구분할 수 있어서 당당하게 대답할 수 있습니다. 사실 3단계까지만 되어도 우수한 학생이라고 할 수 있습니다.

4단계는 무의식적 유능, '무엇을 아는지 모르는 상태'입니다. 진정한 고수가 되면 지식이 체화되어서 스스로 어디까지 알고 있는지 어떻게 하는 것인지 알 수 없게 된다고 합니다. **보기에는 쉬워 보이는데 따라 하기는 어려운 영역**입니다(밥 아저씨의 '참 쉽죠?'를 참조하세요). 지식의 최전선을 이끄는 대가들은 이미 4단계에 올라와 있어서 논문을 봐도 선뜻 이해하기가 어렵습니다.

3 지식-자신감 효과

마지막 이론은 더닝-크루거(Dunning-Kruger Effect) 효과로 잘못 알려진 지식-자신감 효과입니다. **'잘 모를수록 잘 안다고 생각한다'**라는 내용입니다. 입문자가 쉽게 빠지는 함정입니다. 조금만 배웠는데 모든 것을 깨닫고 잘할 수 있을 것 같다는 느낌이 듭니다. 이를 1단계 우매함의 봉우리라고 합니다. 논문 1~2편을 완벽하게 정독했을 때 이런 기분을 느낄 수 있습니다. 이 지식을 모르는 다른 사람들이 어리석어 보이고, 여기저기 지적하고 싶고, 아는 척을 하고 싶습니다. 그런데 점점 더 읽다 보면 지식의 끝이 없다는 것을 깨닫고 자신감이 하락하여 2단계인 절망의 계곡에 빠지게 됩니다. 심리적으로 가장 큰 무능력을 느끼는 시기이기도 합니다. 하지만 굴하지 않고 더 많이 배우게 되면 자신만의 해석 능력을 갖출 수 있습니다. 자신감은 다시 상승하고, 스스로 능력을 객관적으로 평가할 수 있는 3단계 지속가능성의 고원에 진입합니다.

이 효과에 대해서 정확히 똑같지는 않아도 여러 사람이 언급한 바 있습니다. 국내에서는 이경규 씨가 "잘 모르고 무식한 사람이 신념을 가지면 무섭다"라는 말을 남긴 적이 있고, 강호동 씨도 **"한 권 읽는 사람의 철학이 제일 무서운 것"**이라는 말을 한 적이 있습니다. 연예인들뿐만 아니라 1950년 노벨문학상 수상자인 철학자 버트런드 러셀(Bertrand Russell)도 "이 세상의 문제는 바보들과 광신도들은 자기 확신이 지나친 데 비해 현명한 사람들은 의심이 너무 많다는 것이다"라는 말을 남긴 적이 있습니다. 괴테도 이미 200년 전에 "어중간한 바보나 어설픈 똑똑이, 그런 사람들이 가장 위험하다"라는 말을 했습니다.

논문을 읽기 전에 이런 이론을 말씀드리는 이유는, **이러한 심적 변화가 자연스러운 현상**이라는 점을 알려드리고 싶었기 때문입니다. 논문을 읽다 보면 모든 것을 알게 된 것 같다가, 갑자기 아무것도 모르겠다는 생각이 듭니다. 본인의 아이디어가 천재적으로 느껴졌다가 또 바보처럼 느껴지기도 합니다. 과학자는 이런 양극단을 오가면서 성장합니다. 잘하고 있습니다. 정상입니다.

또, 한 가지 덧붙일 말은 영어 독해를 너무 두려워하지 마시기를 바랍니다. 솔직히 말해서 세상이 너무 좋아졌습니다. 예전에는 제대로 된 번역기가 없었는데 지금은 ChatGPT 등 AI 모델이 번역을 너무 잘합니다. 영문 파일을 넣어주면 한글로 요약해 주는 AI 도구도 있습니다. 영어 공부도 물론 중요하지만 일단 읽기부터 시작하세요. 이제 더 이상 언어의 차이는 핑계가 될 수 없습니다. **번역기의 사용이 부끄러운 것이 아니라 논문을 안 읽는 것이 부끄러운 것**입니다. 적극적으로 활용하면서 일단 시작해 보시기 바랍니다.

똑똑한 연구자는 논문 선정부터 다르다!

이번 장에서는 온 세상의 무수히 많은 논문 중에서 도움이 될 만한 논문을 고르는 방법에 대해서 말씀드리겠습니다. 논문 데이터베이스인 PubMed에는 3,700만 개의 논문이 등록되어 있고, 매일 4,000개 정도의 논문이 새로 등록된다고 합니다. 아무리 세부 분야로 좁힌다고 해도, 이 논문을 다 볼 수 있을까요? 어떤 논문을 보아야 할까요?

기본적인 원칙은 지도교수님이 잘 이해할 수 있을 만한 논문을 읽는 것입니다.

교수님들은 뭐든 다 아시지 않으냐고 생각할 수도 있지만, 대부분은 매우 좁은 연구 영역에 집중적으로 관심을 쏟고 있습니다. 따라서 **교수님과 말이 잘 통할 만한 논문**을 읽어야 논의하기도 좋고, 능력을 인정받기도 좋습니다. 교수님이 이해할 수 없거나 관심 밖의 논문이라면 생산적인 지도를 받기는 어렵습니다.

1   지도교수님 관련 연구 논문

가장 기본적인 사항이며 요새는 입학 전에도 미리 공부하고 오는 경우가 많은 것 같습니다. 임용된 지 얼마 안 되셨고 출판 논문이 10편이 되지 않는다면 모두 읽어보는 것을 추천해 드립니다. 만약 논문이 많으실 경우에는 **최초 박사 시절 논문부터 현재로부터 5년 전까지는 제목과 초록만 봐도 됩니다.** 정확히 이해하지는 않아도 되고 대략 어떤 분야에 관심을 두고 계셨는지 파악하면 됩니다.

연구 방향은 계속 조금씩 달라지기 때문에 **최근 5년 논문의 주제는 그 이전과 다를 가능성**이 있습니다. 만약 최근 5년 논문만 해도 너무 많다면 지도교수님이 맨 마지막 저자인 논문을 우선 고르세요. 지도교수님께서 가장 신경을 많이 쓴 논문들이기 때문에 안 봤다가는 "그 논문 안 봤어?"라는 말이 바로 나옵니다.

2 저명한 종설 논문(Review)

어떤 분야든 그 분야에서 자주 인용하는 종설 논문들이 있습니다. 아마 지도교수님 논문의 참고문헌(References)을 보면 종설 논문이 많이 나올 텐데 바로 읽지 말고 제목만 정리해 두세요. 꼼꼼히 **다 읽으면 좋겠지만 읽는 시간이 너무 오래 걸려서 포기**하는 때도 많이 생기기 때문입니다. 일단은 구글 학술검색(Google Scholar)에 종설 논문 제목을 그대로 넣고 **인용 수, 출판연도, 학술지명**을 엑셀에 정리해 둡니다. 그다음에는 종설 논문 제목 중에 키워드를 1~2단어 정도 뽑은 뒤에 Review를 붙여서 구글 학술검색에 다시 검색합니다(예: Interorgan Communication Review, Secretome Review). 5페이지 정도까지 보면서 제목에 눈이 가는 논문의 인용 수, 출판연도, 학술지명을 정리합니다.

이제 우선순위를 결정합니다. 인용 수가 가장 많은 순서, 출판연도가 최근인 순서, 유명한 순서(《Nature Reviews》,《Annual Reviews》 등)를 고려하여 5개 정도를 선정합니다. 종설 논문은 보통 인상적인 논문이 나온 후에 새로 나오는 경향이 있어서, 예전 논문을 먼저 보고 최근 논문을 보는 것이 좋습니다.

3 최신 출판 논문

최근에 나온 논문을 보라는 말, 지겹게 들으실 겁니다. 학술 데이터베이스인 스코퍼스(Scopus)를 이용하면 앞서 말씀드린 지도교수님 관련 논문 또는 저명한 종설 논문을 인용(Citation)한 최근 논문을 확인할 수 있습니다. 라이선스가 필요하지만, 대부분의 학교에서는 접근할 수 있을 것입니다. **논문의 참고문헌으로 출판 이전의 역사를 알 수 있다면, 인용은 출판 이후의 영향**을 파악할 수 있습니다.

스코퍼스에서 논문을 검색 후 Citation 아래의 숫자를 누르면 인용한 최근 논문을 볼 수 있습니다. 날짜 순서대로 정렬 후 제목이나 학술지 이름이 눈에 들어오면 따로 정리합니다. 최근 5년까지만 확인하면 됩니다. 인용이 많은 순서대로 정렬할 수도 있습니다. 이 경우도 상위 기준으로 5개 정도 골라둡니다.

스코퍼스를 이용할 수 없다면 구글 학술검색에서도 비슷하게 할 수 있습니다. 논문 하단에 인용을 누르면 구글이 추천해 주는 순서가 있습니다. 상위 10개 정도만 확인해도 주요 논문은 놓치지 않을 수 있습니다. 이런 식으로 참고문헌과 인용을 계속 논문을 따라갈 수 있습니다.

지도교수님이 주로 내시는 학술지가 있다면 해당 웹사이트를 매일 모니터링하는 것이 좋습니다. 특히 종합학술지가 아닌 전문 분야의 학술지라면 관련 있는 연구가 자주 보고될 확률이 높습니다. 교수님께서 주로 활동하시는 학회의 학회지도 살펴보는 것이 좋습니다. 지도교수님께서 **"그 논문 벌써 봤어?"** 라는 말이 나올 수 있도록 항상 체크하세요.

여기까지 따라오셨다면 종설 논문 5~10개, 연구 논문 25~40

개 정도 추려질 것입니다. 흔히 특정 분야에서 논문을 100편 정도 보면 감을 잡을 수 있다고 하는데 30~50개면 절반은 확보한 것입니다. 나머지 절반은 박사과정을 하면서 읽게 되실 겁니다. 이 논문들을 통해서 전체적인 흐름을 잡으실 수 있고, 앞으로 쓰실 논문의 중요한 참고문헌이 될 수도 있습니다.

사람도 머신러닝이 됩니다. 많이 보면 새로운 지식을 얻을 수 있을 뿐만 아니라 어휘나 키워드를 학습할 수 있습니다. 무엇이 익숙한지 어색한지 무의식에 학습이 되면 논문을 작성하는 데 큰 도움이 됩니다.

학교마다 학술지와 계약이 달라서 특정 학술지는 읽지 못할 수도 있습니다. 보통 연구 성과가 좋은 학교일수록 폭넓게 볼 수 있습니다(폭넓게 볼 수 있어서 연구 성과가 좋은 것일지도 모릅니다). 이럴 때는 인맥을 활용하시거나, 사이허브(Sci-Hub)를 활용하거나, 비슷한 제목을 가진 무료 오픈 액세스(Open Access) 학술지의 논문으로 대체해서 보는 방법이 있습니다. 또, 학교 밖에서는 웹사이트에 접근할 수 없는 경우도 많은데 이럴 때는 **학교 도서관 홈페이지에 있을 '교외접속' 서비스**를 이용하면 집에서도 접근할 수 있습니다. 다만 조금 번거로워서 학교에서 다운로드해 두는 것이 편합니다.

논문을 인쇄해서 볼 수도 있고, 태블릿으로 볼 수도 있지만 처음에는 **인쇄해서 보는 것을 추천**합니다. 태블릿이 좋긴 하지만 논문 실물이 눈에 안 보이기 때문에 의지가 흔들릴 수 있습니다. 연구실에서 컬러 인쇄를 잔뜩 하면 눈치를 주는 일도 있어서 떳떳하게(?) 교내 인쇄소를 사용하시는 것이 좋을 수도 있습니다. 200페이지 정도 인쇄하면 4~5만 원 정도 나올 것입니다. 돈 주고 인쇄해서 실물로 가지고 있으면 내 돈이 아까워서라도 꼭 봐야겠다는 생각이 듭니다. 이제 논문을 읽는 방법에 대해 말씀드리겠습니다.

어려운 논문도
핵심만 뽑아 읽는 비법

논문 읽는 비법이라고 하면 수능 언어 영역처럼 알려주는 분들도 있지만 저는 큰 흐름을 파악하는 것이 더 중요하다고 생각합니다. AI 기술이 발전하고 있지만 여전히 환각 현상이 문제가 되고 있고, 유료 논문은 접근할 수 없다는 한계가 있습니다. 이런 시기일수록 최근에 출판되는 고급 논문을 정확하게 읽는 것이 중요합니다.

논문은 궁금증의 해답이 풀릴 때까지 읽는 것입니다. 아무리 찾아도 없는 순간에 새로운 연구주제가 시작됩니다.

1 결과와 방법(Results and Methods)

우선은 논문을 훑어보시기를 바랍니다. 제목을 보고, 그래픽 초록(Graphical Abstract)과 초록(Abstract)을 보고, 그림(Figure)과 범례(Caption, Legend)를 봅니다. 그림책을 보던 나이는 이미 예전에 지나셨겠지만, 이제 다시 그림책 보는 것처럼 접근해 보세요. **어떤 그림에 제일 눈이 가나요?** 그 그림은 무엇을 나타내고 있나요? 그 그림의 뜻은 무엇인가요? 떠오르는 궁금증은 그림 옆에 적어두고 넘어가세요. 만약 궁금한 그림이 없으면 그 논문은 과감하게 넘어가서도 됩니다.

그다음은 관심 주제가 특정 유전자/단백질인지, 특정 질환인지에 따라 달라집니다. 특정 유전자/단백질에 집중하는 연구실이라면 **논문에 적지 않는 기본적인 정보는 모두 파악**하고 있어야 합니다. 참고할 만한 데이터베이스로는 UniProt(전체 이름, 도메인, 구조, 기능), Ensembl & NCBI Gene(서열, 동형), Human Protein Atlas(조직 발현, 세포주 발현, 세포 내 위치), IMPC & MGI(넉아웃 마우스 표현형) 등이 있습니다.

특정 유전자/단백질을 연구하는 랩이라면 플럭스드(Floxed) 마우스를 사용하는 경우가 많고 교배하는 크리(Cre) 마우스에 따라서 연구가 확장되는 경향이 있습니다. 이때 기본 신호 전달 경로는 유사할 가능성이 있지만 어떤 세포에서, 어떤 질병 모델, 어떤 타이밍에 넉아웃(Knockout) 하느냐에 따라 표현형이 달라집니다. 각각의 넉아웃별로 표현형과 기전을 따로 잘 정리해 두는 것이 좋습니다. **항상 똑같이 적용되지는 않겠지만 여러 선택지를 알고 있으면 마음이 편합니다**(사실 다른 모델과 비슷하게 나오면 큰 재미는 없습니다).

특정 질환에 관해 연구하는 랩이라면 질환 모델에서 기본적으로 갖춰야 하는 실험 세트를 중점적으로 보시는 것이 좋습니다. **질환 연구실은 동물 모델의 검증 결과가 매우 중요**합니다. 유전자 모델만 달라지고 실험 세트는 동일한 경우가 많이 있습니다. 예를 들어 지방 세포와 비만 연구를 한다면 고지방식이를 주는 것은 동일하지만 결핍시키는 유전자가 달라집니다. 비만 모델에서는 살아 있을 때 체중, 식이량, 혈당, 혈중 인슐린 측정, 당 부하 검사 등을 해야 하고 희생 후에는 조직 무게, 조직염색, 면역염색 등을 합니다. 일부는 RNA의 발현을 확인하기 위해 역전사 실시간 중합효소 연쇄 반응(RT-qPCR) 실험을 하고 단백질 발현 확인을 위해 웨스턴 블랏(Western Blot)을 하게 됩니다. 처음에는 할 일이 아주 많은 것처럼 느껴지지만 거의 비슷비슷해서 나중에는 익숙해집니다. 질환 연구실의 경우 특정 마우스 실험, 유세포 분석, 공초점 현미경 등 전문적인 기술력을 갖추고 졸업하는 경우가 많습니다.

처음 논문을 읽으시는 경우에는 방법도 꼼꼼하게 확인해 보시기 바랍니다. 처음부터 안 읽는 경우도 많은데, 나중에 가면 어차피 안 보니까 지금이라도 보시는 것이 좋습니다. **방법을 읽는 이유는 단순합니다. 어떻게 했는지 궁금하지 않나요?** 연구실에서 전수되어 오는 실험 프로토콜(Protocol)이 있을 테니 그것과 비교해 보면 더 좋습니다. 왜 이 사람은 이 단계를 넣었을까/뺐을까, 프라이머/항체는 왜 이걸 쓰는 걸까 등등. 이 경우에도 대안을 알고는 있어야 실험이 잘 안될 때 마음이 편해집니다. 저연차의 경우에는 방법적인 부분은 비교 실험도 해보면서 확실히 이해하고 넘어가시기를 바랍니다. 시간이 너무 지나면 해결이 어렵습니다.

2 토의와 서론(Discussion and Introduction)

+ Pixabay, @Mohamed_hassan

이전 글에서 참고문헌을 통해 논문의 과거를 알 수 있다고 했습니다. **즉, 참고문헌을 보면 이 실험을 왜 했는지 알 수 있고 인용을 보면 무슨 실험이 가능해졌는지, 그 파급력을 알 수 있습니다.** 영향력이 큰 논문은 인류가 그동안 퍼즐 한 조각이 부족해서 하지 못한 발견을 할 수 있게끔 만들어 준 논문입니다. 각 분야의 기념

비적인 논문에서 제안하는 기술, 단백질, 기능, 구조, 신호 전달 경로, 기전을 통해 막혀 있었던 부분이 돌파되고 새로운 세계가 열리는 현상을 볼 수 있습니다.

그래서 서로 다른 시간상의 두 논문은 토의와 서론으로 연결되어 있습니다. 먼저 나온 논문의 토의에서 한계나 시사점(앞으로 이런 부분이 필요하다, 이런 실험이 가능할 것이다)을 서술하면, 나중에 나온 논문이 그것을 이어받아 서론에서 한계의 극복이나 확장 적용이 필요하다고 쓰는 경우가 많이 있습니다. **토의는 미래의 인류에게 남기는 메시지, 서론은 과거의 인류에게 응답하는 메시지**라고 이해해주세요.

논문을 읽으면서 여러 가지 궁금증이나 아이디어가 떠오르면 일단 따로 적어둡니다. 1개의 논문을 다 읽고 나면, 적어둔 질문에 대해서 참고문헌을 확인하거나 구글에서 찾아봅니다. **보통 여러분께서 처음 떠올리는 아이디어는 10~20년 전에 누군가 했습니다.** 만약 논문을 처음 보는 사람이 떠올릴 수 있는 아이디어를 아직 아무도 안 했다면 분명히 안 한(못 한) 이유가 있습니다. 실험을 계속하면서 아이디어가 정교해지면 그 해답이 3~5년 전에 출판된 것을 확인할 수 있습니다. 이제 거의 다 왔습니다. 할 만한데 아직 아무도 안 했다는 생각이 들면 올해나 내년에 나옵니다. 궁극적으로 분야에 따라 1~5년 후를 예측할 수 있으면 인상적인 연구가 가능하며, 대가의 영역이라고 할 수 있습니다.

이제 50~100개의 논문을 다 보고 나면 실험을 열심히 하실 텐데 그래도 중간중간 논문을 찾아보시기를 바랍니다. 출판을 준비할 때쯤 되어서, 또는 프로젝트를 접고 나서 **알고 보니 1년 전에 누가 이렇게 했네**, 라는 사실을 알게 되면 아주 맥이 빠집니다. 여러분의 소중한 노력과 시간과 연구비를 아끼기 위해서 항상 업데이트하시기를 바랍니다. 행운을 빕니다.

Part II.

발표 지옥에서 살아남기

첫 발표,
대체 어떻게 해야 하지?!

이번 장에서는 연구 초년생들에게 필요한 발표 방법과 자료 작성법에 대해서 말씀드리려고 합니다. 발표를 앞둔 입문자분들에게 도움이 되었으면 합니다.

먼저 자신감을 키우고 긴장을 푸는 방법에 대해서 말씀드리겠습니다. 만약 발표를 하게 되었다면, 갑옷을 입으세요. 무슨 뜻이냐면, 어떤 신발을 신거나 옷을 입었을 때 가장 기분이 좋고 자신감이 생긴다면 그 착장을 하시기를 바랍니다. 생각보다 **옷차림에 따라 발표자의 자신감과 신뢰도가 다르게 느껴집니다.**

마이크가 있다면 최대한 자주 사용해 보시는 게 좋습니다. 강의실에 보통 구즈넥 마이크나 핸드마이크가 있을 텐데 다양한 방식으로 사용해 보세요. 막상 큰 자리에 가서 **이런 마이크 별로 안 써 봤는데…라는 생각이 들면 긴장이 확 됩니다.** 처음 가보는 곳이라면 20분 정도 먼저 가서 테스트를 해봐도 좋습니다. 종종 발표자가 스크린을 보기 위해 고개를 돌릴 때 마이크와 멀어지면서 소리가 잡히지 않는 일이 발생합니다. 이런 경우 정작 중요한 내용은 들리지 않으니, 마이크를 입에 잘 대고 사용하세요.

레이저 포인터를 사용할 때, 발표자가 긴장하면 흔들리거나 빙빙 돌리는 일이 생깁니다. 흔들리는 불빛을 보면 더 긴장됩니다. 생각보다 고치기 어렵기 때문에 **가능하다면 마우스를 사용하세요.** 파워포인트에서 포인터 옵션-레이저 포인트로 사용해도 되고, 마우스로 슬라이드를 넘겨야 하면 그냥 커서 상태로 써도 됩니다. 레이저 포인터를 꼭 사용해야 한다면 레이저를 쓸 때만 두 손으로 사용하면 흔들리지 않습니다.

파워포인트의 발표자 노트 기능도 좋지만… 가끔 못 쓰는 때도 있으니 너무 믿지 마세요. 어떤 강의실에서는 듀얼 화면을 제공하지 않아서 **발표자 노트만 믿었다가 낭패**를 볼 수 있습니다. 입문자의 경우에는 간단한 인쇄본이나 큐카드를 참고해도 이해해 줍니다. 오히려 달달 외워서 하는 것보다 긴장도 덜 되고 청중에게도 자연스럽게 느껴집니다.

다만 발표할 때 핸드폰을 보면서 하는 것은 좋지 않습니다. 요새는 뉴스에 나오는 기자들도 핸드폰 보면서 내용을 전달하지만 그건 현장에 프린터나 프롬프터가 없기 때문이고, 미리 준비할 수 있는 발표는 **관련 자료를 출력**해 오는 것을 추천해 드립니다. 여러분은 앞으로 어떤 어른을 만날지 모릅니다.

입문자분들의 발표 후에는 다양한 의견이나 질문이 나올 것입니다. 발표하느라 힘을 다 썼기 때문에 뭐라고 하는지 내가 뭐라고 대답하는지 알지도 못한 채 훅 지나가 버립니다. 그래서 **메모할 수 있는 작은 노트와 펜을 준비**해 두시면 좋습니다(어떤 어른: 핸드폰 안 됩니다). 키워드만 적어도 마음이 안정되고, 발표가 끝난 후에도 떠올리면서 다시 정리할 수 있습니다. 추후에 관련 내용을 발표 자료에 업데이트해 놓으면 같은 질문은 더 이상 받지 않을 것입니다.

질문 시간이 가장 무서운 시간입니다. 다양한 예상 질문과 답변을 준비하실 텐데, **대답할 수 없는 질문에 대한 답변**도 준비해 두시기를 바랍니다. 예컨대 알기는 아는데 기억은 잘 안 날 때 "네, 확실하지 않아서 발표 끝나고 바로 확인해서 알려드리겠습니다"라고 하면 됩니다. 날카로운 지적을 당했을 때는 "좋은 의견 감사합니다. 제가 미처 생각을 못 했는데 앞으로 고려해 보겠습니다"라고 하면 됩니다. 2개만 알고 있어도 크게 당황할 일은 없을 겁니다.

다음으로는 기초적인 지적 사항에 관해 설명해 드리겠습니다. 발표 중 내용과 상관없이 여러 딴지가 걸릴 수 있는데 발표의 흐름이 중단되어 발표자와 청중 모두 찜찜한 기분이 듭니다. 매끄러운 발표를 위해 몇 가지 사항을 알아두면 좋습니다.

기본적으로, **설명하지 않을 내용은 넣지 마세요.** 슬라이드에 넣었으면 설명하세요. 어떤 분들은 자신의 공부량을 보여주려고 많은 내용을 넣는데 정작 잘 설명하지도 않고 넘어갑니다. 사실 입문자분들에게 기대하는 수준이 있습니다. 자신의 이해도를 뛰어넘는 내용을 넣었다가 꼬투리 잘못 잡히면 괴롭게 끝날 수도 있습니다.

학교나 연구소 로고는 **공식적인 이미지 파일**을 사용하세요. 변형되어 있거나 저화질의 경우, 마치 옷에 뭐가 묻은 것처럼 계속 신경이 쓰입니다. CI(Corporate Identity)라고도 하는데, 홍보팀에 문의하면 다양한 형태의 파일을 받을 수 있습니다. 폰트도 웬만하면 기본 폰트를 사용하시는 것이 좋습니다. 폰트 설치할 시간이 없을 수도 있고, 어떤 컴퓨터에서는 윈도 버전이 너무 낮아서 폰트가 호환되지 않을 수도 있습니다.

슬라이드의 제목이나 맨 아랫줄에는 **핵심 메시지를 문장형**으로 적으세요. 단순히 단백질 이름, 서론 이렇게 쓰는 때도 있는데 처음 보는 청중은 결론을 알기 어렵습니다. 예를 들어 "FGF1 단백질은 당 대사와 관련이 있다"라고 적어두면 청중도 이해하기 쉽고 발표자도 전달하고 싶은 내용을 놓치지 않을 수 있어서 편리합니다.

이미지 캡처를 할 때는 화면 전체 크기 정도로 **최대한 확대해서 캡처해야 깨지지 않습니다.** 노트북이나 패드 등 작은 화면에서 볼 때는 크게 차이 안 날 수도 있지만 프로젝터로 보면 민망해지는 경우가 있습니다. 파워포인트에 이미지로 넣었을 때 슬라이드에 꽉 찬다면 충분한 해상도입니다. 그리고 당연한 얘기이지만 사진 비율은 그대로 유지하는 게 보기가 좋습니다. 임의로 가로, 세로 비율을 변경하면 가독성이 심하게 떨어집니다.

발표 중 지칭할 때는 **대명사를 최소로 사용**하는 것이 좋습니다. 특히 신호 전달 경로를 설명할 때 그림을 보면서 설명하다 보면 얘가 얘를 건드려서 쟤가 어쩌고~로 설명하시는 분들이 종종 있습니다. 정확한 단백질의 이름(EGFR, STAT 등)과 반응명(인산화, 전사 조절 등)을 사용하셔야 더 전문가답게 보입니다.

앞에서 인쇄본이나 큐카드를 참고해도 괜찮다고 말씀드렸는데, 그렇다고 고개를 숙이고 읽으면서 발표하는 것은 좋지 않습니다. 시선 처리에 따라 설득력이 달라집니다. 쉬운 방법은, 두 문장 정도 읽고 청중을 보세요. 눈을 바라보면 가장 좋지만, 아직 좀 무섭다면 이마나 코를 봐도 괜찮습니다. 멀리 떨어져 있으면 어디를 봐도 티가 잘 안 납니다. 다음 장에서는 연구실 내 미팅인 저널 클럽과 랩미팅 발표에 대해서 말씀드리겠습니다.

교수님이 만족할
발표 전략

연구실마다 호칭은 조금씩 다르지만, 논문을 발표하는 미팅(저널 클럽), 데이터를 발표하는 미팅(랩미팅)은 거의 다 있습니다. 이번 글에서는 두 미팅 발표 위주로 말씀드리겠습니다. 의과학 연구 분야가 넓으니 공통적인 부분에 대해서 말씀드리겠습니다.

1 | 저널 클럽(Journal Club)

논문을 고르는 단계부터 고민이 생길 수 있습니다. 대학원의 기본 원칙을 따릅니다. **"뭐 할까요?"가 아니라, "이 중에 뭐 할까요?"라고 할 수 있어야 합니다.** 가장 쉬운 방법은 이전에 다른 사람들이 많이 발표했던 학술지를 찾고, 그 학술지 안에서 1개월 이내에 출판된 관련 논문을 고르시면 됩니다. 여전히 자신이 없다면 3개 정도 골라서 동료나 선배, 지도교수님께 물어보셔도 됩니다. 누구에게나 주관식은 어렵지만 객관식은 쉬운 법입니다.

첫 페이지에 들어가야 하는 정보들이 있습니다. 학술지명과 논문 제목은 당연하고, **출판 날짜와 저자 소속**도 적어주세요. 출판 날짜는 이렇게 따끈따끈한 논문이라는 메시지가 되고, 소속도 유명한 기관이면 권위에 호소할 수 있습니다. 만약 저자가 너무 많거나 소속이 길면, 주 저자와 주 소속만 적으셔도 됩니다.

입문자분들은 교신저자의 권위를 활용하셔도 됩니다. 그래서 두 번째 페이지는 교신저자의 약력과 주요 논문을 보여주세요. 최근 5년 관련 논문 3~4개를 간략하게 정리해도 괜찮습니다. 저널 클럽 발표할 때 해당 논문 1편만 읽으면 된다고 생각하실 수도 있는데, **보통 제대로 하면 10편 정도 보게 됩니다.**

연구 배경 설명은 보통 논문 서론에 있는 종설 논문의 멋진 그림들을 따오면 되는데 주의할 점이 두 가지 있습니다. 첫 번째는 나무를 보다가 숲을 놓치면 안 됩니다. 의과학 분야에서는 **질병의 심각성, 의학적 미충족 수요**에 대해 한 페이지 정도 들어가면 좋습니다. 두 번째는 글자를 너무 빼곡하게 채우지 마세요. 시작부터 글자가 많고 어려우면 집중하기가 어렵습니다.

메인 내용에서 명심해야 할 부분은 **모든 데이터를 발표할 필요는 없다**는 점입니다. 《셀(Cell)》 계열 같은 경우 본문 그림만 7개고 패널(Panel)도 10개가 넘는 경우가 흔해서 보충 자료(Supplementary

Data)까지 다 합치면 100개가 넘습니다. 한 그림을 한 페이지에 다 넣으려면 너무 작아져서 보이지도 않고, 시간 안에 발표하는 것도 불가능합니다. 그림 제목에 가장 잘 맞는 패널 몇 개만 발표하고, 필요하다면 보충 자료 데이터도 가지고 오세요.

마무리할 때는 항상 요약(Take Home Message)**이 있어야 합니다.** 그래픽 초록, 작동 모델, 도식(Scheme) 등으로 끝내시는 것이 좋고, 표지에 있는 강조 내용을 가지고 오셔도 됩니다. 해당 논문에 대한 별도 기사가 있다면(Editor Comment, News & Views, Research Highlight, Assessment, Significance) 연구 내용이 잘 요약되어 있으니 참고하면 좋습니다.

시간제한으로 인해 발표하기 어려운 데이터는 부록으로 빼두시면 됩니다. 보여줘야 하나 말아야 하나 싶은 것도 부록에 두세요. 저널 클럽을 꾸준히 하면 **어떤 데이터가 가장 핵심적인 결과인지 선별**할 수 있는 능력이 생깁니다. 보통 심사하면서 추가 데이터가 덕지덕지 붙는데, 《네이처(Nature)》 계열에서 동료 심사 파일(Peer Review File)을 참고하면 도대체 무슨 일들이 있었는지 알 수 있습니다.

2 랩미팅(Lab Meeting)

영화 좋아하시나요? 취미가 영화 감상인 사람은 많을지 몰라도, 꿈이 영화감독인 사람은 그렇게 많지 않을 겁니다. 연구자는 영화를 보는 사람이 아니라 영화를 만드는 사람입니다.

시간 순서대로 발표하지 마세요. 마치 감독이 된 것처럼 적절하게 편집하고, 순서를 잘 배치해야 합니다. 영화에서 나오는 신(Scene)의 순서는 실제 촬영 순서와는 무관하고, 실제 사건의 시간과 어긋날 때도 있습니다. 실험도 마찬가지입니다. 편의상 특정 실험을 몰아서 할 수 있지만, 발표할 때 동시에 보여줘야 할 필요는 없습니다. 세포 실험과 동물 실험이 섞여 있을 때 배치를 잘하면 더 설득력 있게 느껴집니다.

본인의 결과가 아니면 출처를 반드시 적어야 합니다. 다른 논문에서 따온 것일 수도 있고, 연구실 내 다른 실험자의 결과일 수 있습니다. 출처를 속이면 부정직하다는 인상을 주고, 다른 실험자는 데이터를 훔쳐 간다고 생각할 수 있습니다. 공동 연구자에게 인정과 감사를 표현해 주시기를 바랍니다.

방법 측면에서는 핵심적인 변인만 슬라이드 구석에 적고, **상세한 실험 방법은 슬라이드 노트에 적어두세요.** 몇 년 지나고 나서 옛날 실험의 조건과 방법을 찾아서 쓰는 게 쉽지 않은데, 슬라이드에 프로토콜과 실험 날짜, 원본 파일명, 샘플 위치 등을 같이 적어두면 데이터와 함께 움직이기 때문에 찾기가 쉽습니다. 프로토콜이 길거나 그림이 필요할 때는 슬라이드에 넣어두고 숨김 처리하면 됩니다. 슬라이드 쇼에서는 안 나오기 때문에 매끄럽게 발표할 수 있고, 질문이 들어오면 쇼를 끄고 보여줄 수 있습니다.

긍정적인 결과를 강조하고, 부정적인 결과는 짧게 언급하세요. 흔한 실수 중 하나가, 1차 시도 실패, 2차 시도 실패… 6차 시도 성공 등 실패의 역사를 모두 보여주는 것입니다. 아마도 노력을 보여주려는 의도이겠지만, 영화에서 NG 컷을 다 보여주면 보는 사람은 답답하겠죠. 성공했다면 성공한 결과를 자세히 보여주세요. 아직 실패 중이라면 간단하게 원인과 트러블 슈팅(Trouble Shooting), 추후 계획을 언급하세요.

랩미팅은 깜짝 파티가 아닙니다. 즉, 실험 결과를 랩미팅 때 업데이트하는 것이 아니라, 평상시에 주요 결과가 나오면 연구 책임자와 논의를 해야 합니다. 무섭다고 안 하는 경우가 있는데, 연구 책임자가 랩미팅에서 결과를 처음 보면 예상하지 못한 엄청나게 많은 질문을 할 수 있고, 입문자는 감당할 수 없습니다. 그러니 최소한 랩미팅 며칠 전에 결과를 공유하고 질문이나 의견을 요청하세요. 답이 오면 랩미팅 때 업데이트해서 말씀드리겠다고 하면 됩니다.

각각의 **실험 결과는 일정한 형식을 정해** 만들면 됩니다. 즉, 실험 배경과 목적을 설명하고, 가설 또는 예상 결과를 언급합니다. 그다음 실제 실험 결과를 보여주고, 결과를 해석합니다. 처음 예상과 같다면 설명이 짧아도 되지만, 예상과 다르다면 왜 그런지 설득력 있게 전달해야 합니다. 이후 해석을 바탕으로 다음 실험 계획을 적습니다.

다음 장에서는 학회의 포스터 발표와 구두 발표에 대해서 전달해 드리겠습니다.

학회 발표, 망하지 않는 법

보통 과학자를 골방에 틀어박힌 사람으로 묘사하는 경우가 많은데, 사실은 다양한 세미나와 학술대회(학회)에 참가하여 의견 교류를 합니다. 저명한 교수님들의 발표를 듣는 것도 물론 중요하지만, 대학원생으로서는 포스터 발표와 구두 발표가 본인의 능력을 드러낼 수 있는 좋은 기회이니 망하지 않아야 합니다!

1 | 포스터 발표

학회에 참가할 때 초록을 내고, 초록이 선정되면 포스터 발표를 하게 됩니다. 큰 방에 포스터가 주르륵 설치되어 있고 그 앞에 연구자들이 돌아다니는데 말로 설명하기는 어렵고 직접 한번 참여해 보면 어떤 느낌인지 바로 알 수 있습니다. 요즘에는 모니터를 띄워 넣고 디지털 방식으로 발표하는 때도 있지만, 전반적인 준비 과정은 비슷합니다.

일반적으로 A0 사이즈(841×1189mm)를 가장 많이 씁니다. 파워포인트에서 사용자 지정 슬라이드 크기를 만들어서 쓰면 됩니다. 레이아웃은 다양한데 보통 제목, 초록, 도식, 결과, 결론, 추후 계획, 참고문헌, 사사로 나뉩니다. 폰트도 다양하지만, 저는 Garamond와 Helvetica를 사용하고 크기는 멀리서도 잘 보일 수 있도록 제목은 60포인트 이상, **본문은 36포인트 이상** 사용하고 있습니다. 로고도 큼지막하게 넣어주세요.

대부분 연구실에는 선배들이 사용했던 포스터 인쇄본이나 파일이 있을 것입니다. 실제 출력물을 보면 느낌이 또 다릅니다. 연구실의 특정 포맷이 있어서 따라야 하는 때도 있습니다. 최대한 참고 자료를 많이 확보해서 **본인만의 스타일**을 만들어 보세요. 처음 만드는 게 어렵지, 그다음부터는 레이아웃이 같아서 어렵지 않습니다.

인쇄 형태에는 천과 종이가 있습니다. 천 형태는 여러 번 사용할 수 있고, 접을 수 있어서 휴대가 간편합니다. 그런데 주름이 생기면 잘 안 없어지고 해상도가 종이보다는 떨어집니다. 종이 형태는 해상도는 좋지만, 화통에 넣어야 해서 휴대가 어렵고, 내구성이 떨어집니다. 행사에 따라 포스터 시간이 지나면 칼같이 떼어서 폐기하는 경우가 있어서 재사용할 예정이라면 마감 이전에 꼭 회

수하셔야 합니다.

　보통 포스터 발표 시간이 정해져 있는데, **문제는 자리를 지키고 있어야 한다는 점**입니다. 그래서 다른 사람들의 포스터가 궁금하다면 발표 시간 이전에 미리 봐둬야 합니다. 정말 연구자에게 질문하고 싶은 내용이 있다면 후다닥 다녀오세요. 찾아오는 사람이 별로 없을 때는 주위 분들과 이야기를 나눠도 괜찮습니다. "설명해 주실 수 있나요?"라고 하면 서로 손님이 없어서 기쁜 마음으로 설명해 주실 것입니다.

　내용을 설명할 때는 **1분 30초 정도의 짧은 버전과, 4분 정도의 긴 버전**을 모두 준비하시는 게 좋습니다. 사람에 따라서 짧고 간결한 설명을 요청하는 사람도 있고, 길고 자세한 설명을 요청하는 때도 있습니다. 대부분은 정면에서 쓱 보고 가거나 질문 한두 개 정도 할 텐데 어색해도 참으셔야 합니다. 뭔가 채점표 같은 걸 들고 다니는 분은 심사위원이니 자기 차례가 오면 놓치지 말고 잘 설명하세요.

2 구두 발표

+ Pixabay, @Mohamed_hassan

구두 발표는 랩미팅에 비해 훨씬 공식적인 자리이기 때문에, 출판물 수준의 자료로 준비하여 발표해야 합니다. 부담되시겠지만 데이터의 품질과 발표 기술이 급상승할 수 있는 좋은 기회입니다. 논문 작성에도 도움이 됩니다.

먼저 말씀드리고 싶은 부분은 **발견의 영향력과 그림의 완성도는 완전히 별개**라는 점입니다. 때때로 내가 수행한 연구의 영향력이 부족해 보일 때가 있습니다. 그렇지만 그림은 항상 최고 수준으로 정돈해야 합니다. 랩미팅 자료를 그대로 쓰고 싶으시겠지만… 그러지 말고 이 기회에 자기 분야 최고 학술지의 그림 형식과 같게 만드세요. 더 뛰어나 보입니다. 청중들은 어떤 학술지에 출판했는지 잘 모르기 때문에 데이터의 품질이 낮으면 내용을 들어보지도 않고 낮게 평가합니다.

학회에서는 랩미팅과 달리, 사람들이 계속 돌아다니기 때문에 **서론이 아주 중요합니다.** 똑같은 시간에 여기저기서 여러 명이 발표하고 있어서 처음에 눈길을 잡지 못하면 바로 자리를 옮깁니다. 먼저 초청에 대한 감사를 표현하고, 학회 맞춤형으로 서론을 만드세요. 전체 카테고리나 세션 이름이 힌트가 될 수 있습니다. 프로그램 일정이 미리 나오기 때문에 기조연설이나 이전 발표를 언급해도 좋습니다. 핵심은 돌려막는 발표가 아니라 고유한 발표라는 점이 느껴지게 하는 것입니다.

전반적인 발표는 **모래시계 형태**(범용적–특이적–범용적)로 하는 것이 좋습니다. 질병부터 시작한 뒤에 이 연구를 위한 새로운 동물 모델이나 기술에 관해 설명합니다. 그 후 핵심적인 결과를 선별해 구체적으로 발표하고, 마무리 단계에서는 다시 질병으로 돌아와 시사점을 설명합니다. 마지막 사사 슬라이드는 단체 사진을 넣으면 연구실 분위기가 좋아 보입니다.

정해진 발표 시간을 꼭 지키시기를 바랍니다. 몇 분 넘는다고 세상이 무너지지는 않지만, 사람들이 배고파할 수 있습니다. 학회에서는 발표가 연달아 있는 경우가 많아서 보통 지연되기 때문에, 시간을 넘기는 것보다 **조금 빨리 끝내면 오히려 더 좋아합니다.** 발표 스타일에 따라 슬라이드당 30초~1분으로 계산하면 되는데 시간 맞춰서 연습하다 보면 본인 속도를 알 수 있습니다.

좋은 발표를 하는 방법은 바로 좋은 발표를 많이 보는 것입니다. 교내에서 진행되는 각종 세미나, 대학원 행사, 공개 프로포절 또는 디펜스에 참석하세요. 학회에서도 대학원생 구두 발표는 꼭 보세요. 교수님들 발표보다 또래의 발표가 훨씬 더 큰 자극이 됩니다. 어디를 가도 어떻게 저렇게 잘하나 싶은 사람들이 반드시 있습니다.

  구두 발표 선정이 되었다면 대부분 논문 투고를 준비하는 단계일 것입니다. 이 과정을 통해 서론과 참고문헌도 정교해지고, 그림과 범례도 다듬어지고, 질의응답을 통해 본문에 대한 보완점도 많이 솟아날 것입니다.

  이어서 다음 장에서는 게재 승인 확률을 높이는 투고 체크리스트에 대해 말씀드리겠습니다.

Part III.

논문 투고, 이렇게 하면 성공한다

논문 투고 전, 이것만은 꼭 체크하자!

이번에는 게재 승인 확률을 높이기 위해 체크해야 하는 사항에 대해서 말씀드리겠습니다.

1 | 관련 논문 업데이트

가장 먼저 해야 할 일은 최근에 나온 관련 논문을 파악하는 것입니다. 커버 레터(Cover Letter)와 서론에 최신 연구 내용이 반영되어 있지 않다면 게을러 보일 수 있습니다. 투고 준비 단계에서 최악의 상황은 같은 주제의 논문이 출판되는 것인데, 이를 떠먹여 줬다고 해서 스쿱(Scooped)이라고 표현합니다. 보통 한 번만 스쿱

돼도 얘깃거리가 되는데 저는 **2개의 주제에서 7번 스쿱된 적이** 있어서 관련 경험담을 잠깐 말씀드리려고 합니다.

　논문 투고 중이었던 2020년 4월, 출판 전 논문 플랫폼인 바이오아카이브(BioRxiv)에 하버드(Harvard) 의대의 비슷한 연구 내용이 올라왔습니다. 그래도 모델이 달라서 교수님들끼리 의논하여 6개월 후에 같이 투고하는 것으로 마무리되었습니다. 그런데 그 사이 2020년 9월에 스탠퍼드(Stanford) 의대에서 또 비슷한 논문이 올라왔습니다. 내용이 많이 겹쳤기 때문에 저희도 바로 업로드를 했습니다. 이후 심사를 받고 있는데 2021년 1월에는 피츠버그(Pittsburgh) 의대에서 관련 내용을 출판했습니다. 저희가 2021년 9월에 출판했으니 10개월 사이에 4개 논문이 연달아 나온 것입니다. 그래도 다행인 것은 저희 논문을 거절했던 학술지의 편집자가 저희 연구의 출판까지 기다려 준 다음 4개 논문을 묶어서 특집 기사를 써주었습니다.

　Letmd1 연구의 경우 당시 한국생명공학연구원(KRIBB)에서 최초로 넉아웃 마우스를 제작했습니다. 한창 투고 준비를 하고 있는데 2020년 11월에 중국에서 비슷한 표현형을 바이오아카이브에 보고했습니다. 저희도 부랴부랴 1년 동안 추가 실험을 해서 투고했는데, 2021년 11월에 퍼듀(Purdue) 대학교에서 관련 내용을 출판하고, 2021년 12월에는 캘리포니아 데이비스(UC Davis) 의대에서도 출판했습니다. 논문 심사 중이었던 2022년 11월에는 하버드 의대에서 같은 표현형을 보고했습니다. 저희는 추가 수정을 하느라 2023년 6월에야 출판할 수 있었습니다. 저에게는 **전 세계 5개**

그룹에서 독자적으로 넉아웃 마우스를 제작했다는 사실이 충격이었습니다.

예전에는 어떻게 비슷한 시기에 비슷한 논문이 나오는지 궁금했습니다. 직접 경험해 보니 우연히 그렇게 된 것이 아니라, 원저가 출판되면 같은 아이디어를 떠올리기 때문이었습니다. 실험 자체에 걸리는 시간은 크게 다르지 않아서 전 세계에서 진행 속도가 비슷해지고, 특히 관련 분야 안에서는 학회를 통해 진행 소식이 퍼지게 됩니다.

지금 와서 생각해 보면 스쿱된 것은 가슴 아프지만, 아예 몰랐거나 조금만 늦었으면 출판이 아주 어려워졌을 것 같습니다. 그래서 여러분들께서 이번 글을 통해서 빠르게 게재 승인 받으셨으면 좋겠습니다. **세상은 좁고 논문은 언제나 빨리 내는 것이 좋습니다.**

2 | 학술지 선정과 저자 가이드라인

어떤 학술지에 투고할지도 중요한 문제입니다. 보통 지도교수님이 정해주기도 하지만 연구자가 스스로 알아보면 더 좋습니다. 이 단계가 막막하다면… 논문을 충분히 읽지 않으신 겁니다. **예를 들어, 평소 《네이처》에 어떤 글이 올라오는지 모르는데 《네이처》에 논문을 투고할 수가 있을까요?** 논문을 많이 읽으셨다면 비슷한 주제가 주로 출판되는 학술지가 3~4개가 보입니다. 그 주제에 관심 있는 편집자가 있다는 뜻이니 그중에서 가장 높게 평가받는 학술지부터 목표로 하시면 됩니다.

아직 실험 단계라면 《네이처 커뮤니케이션즈(Nature Communications)》를 목표로 하는 것을 추천합니다. 일단 《네이처》 자매지 중에서 대표적인 종합지이고 연구를 잘하시면 충분히 낼 만합니다. 또, 네이처 계열의 편집 기준이 꽤 엄격하고 깐깐하므로, 다른 학술지에 출판하게 되더라도 준비하기가 쉽습니다. 《네이처》 자매지가 좋은 평가를 받는 이유는 연구의 임팩트가 큰 것도 있지만, 요구하는 **논문의 완성도가 높기 때문**이기도 합니다. 또, 《네이처 커뮤니케이션즈》는 오픈 액세스 학술지이기 때문에 심사 내용을 포함해서 모든 자료가 공개됩니다. 그래서 다른 사람 파일을 참고할 수 있다는 장점도 있습니다.

논문을 정하셨다면 **저자 가이드라인을 반드시 정독**하세요. 첫 투고에서 형식을 아주 엄격하게 평가하지는 않지만, 학술지의 기준과 심각하게 다를 경우 신경을 안 썼다고 생각할 수 있습니다. 잘 읽어보면 원고와 그림의 기준뿐만 아니라 외에 부속서류의 기준도 적혀 있습니다. 부속서류는 심사 과정에서 작성하게 되는데, 미리 알아두면 실험 계획을 세우고 결과를 정리하는 데 큰 도움이 됩니다.

3 │ 커버 레터

편집자가 처음 보게 되는 커버 레터도 상당히 중요합니다. 1페이지짜리 논문 소개서 같은 개념인데 주목받지 못하면 거절될 확률이 높습니다. 어떤 업체에서는 커버 레터를 대신 써준다고도 하는데 추천하지는 않습니다.

꼭 들어가야 할 네 가지 내용은 배경, 중요성, 범위, 영향력입니다. 배경은 기존에 어떤 문제가 있었는지 간략하게 적으시면 됩니다. 중요성은 발견/개발의 핵심 내용과 연구의 의미를 적으시면 되는데, 주관적인 부분이라서 약간의 운이 따릅니다. 범위는 종합지의 경우 여러 독자의 관심을 끌 수 있다는 점을 어필해야 하고, 어필이 실패하면 주제가 너무 지엽적이라고 하면서 거절할 확률이 있습니다. 쉬운 방법은 **해당 학술지에서 최근에 이러한 주제의 논문이 여러 개 나왔으니 아마 독자들도 관심 있을 것**이라고 하면 됩니다. 영향력은 출판 후 파급 효과에 대해서 적으시면 됩니다. 연구의 중요성이 과거의 문제와 현재의 해결에 초점이 맞춰져 있다면, 파급 효과는 미래에 일어날 일에 관해서 쓰시면 됩니다.

간단한 예시 구조는 아래와 같습니다.

- **배경:** 이 분야의 연구는 이런 이유로 중요한데, 현재 이런 한계점이 있다.
- **중요성:** 우리는 이런 기술/모델을 활용해서 중요한 개발/발견을 했다.
- **범위:** 요새 이런 논문이 유행이고, 많이 나오고 있으니 독자들도 관심 있을 것이다.
- **영향력:** 앞으로 이러이러한 분야에서 이러이러하게 기여할 것이다.

다음 장에서는 연구 재현 관련 부속 내용에 대해서 말씀드리겠습니다.

디테일이 중요한
부속 내용 가이드

　이번 장에서는 《네이처》 자매지를 기준으로 연구 재현과 관련된 부분에 대해서 말씀드리겠습니다. 의과학 분야의 재현 불가능성이 문제가 되고 있어서 점점 기준이 높아지고 있습니다. 미리 고려하지 않으면 논문 출판이 상당히 지연될 수 있습니다.

1 | 방법

+ Pixabay, @Elf-Moondance

논문을 쓸 때 가장 만만하게 생각하는 부분이지만, 생각보다 까다롭습니다. 장비, 제품, 소프트웨어 버전을 모두 써야 합니다. 특히 항체와 같은 재료는 카탈로그 번호와 희석 비율도 표시해야 하고, 실시간 중합효소 연쇄 반응(qPCR) 프라이머 서열도 정리해서 적어야 합니다. 《네이처》 계열뿐만 아니라 《셀》 계열도 핵심 자원 표(Key Resources Table) 형태로 작성하기 때문에 한번 정리해 두시면 유용합니다. **저는 그냥 분주되어 있는 거 썼는데요? 하고 넘기시면 곤란한 일이 생깁니다.** 나중에 여기저기 물어보면서 실험실의 모든 냉장고와 냉동고를 뒤지지 않으려면 연구 노트에 꼼꼼히 적어두시는 것이 좋습니다.

내가 한 실험이야 어떻게 찾는다고 해도 공동 연구자의 방법은 쓰기가 더 어렵습니다. 2년 전에 결과만 받아놓고 이제 물어보려고 연락하니까 졸업/퇴사했다든지 하면 막막해집니다. 훌륭한 데이터를 받았다면, 기억이 생생할 때 **공동 연구자에게 방법 단락을 바로 요청**해 두시는 것이 좋습니다. 공동 저자로 들어간다는 뜻이기 때문에 바로 요청하면 잘 써줄 것입니다.

방법에 **"기존 연구와 같이**(As previously described)**", "제조사의 설명에 따라**(According to manufacturer protocols)**"를 남발**하는 예도 있습니다. 《네이처》 계열은 방법이 본문 뒤에 있고, 길이 제한이 없으므로 편집자가 충분히 자세하게 쓰라고 합니다. 대충 쓰면 심사자들도 알아보고 성의 없다고 생각합니다.

2 보고 요약(Reporting Summary)

방법 관련 내용은 요약해서 보고 요약 파일에도 들어갑니다. 일단 모든 마릿수가 표기되어 있는지, 통계는 적절하게 처리했는지 쓰고, 분석 소프트웨어의 이름, 제작사, 버전을 적어야 합니다. 실험 디자인의 경우 어떻게 표본 크기를 정했는지, 데이터 배제의 기준이 있는지, 반복은 얼마나 했는지, 무작위화했는지, 맹검법을 적용했는지 적어야 합니다. 처음 적기 조금 막막한데 비슷한 주제의 다른 논문 첨부 파일을 보시면 감을 잡으실 수 있습니다.

항체 부분에서는 사용한 모든 항체의 이름, 제작사, 카탈로그, 희석 비율을 적어야 하고, 항체의 검증 근거도 적어야 합니다. **반**

대로 얘기하면 **좋은 항체 정보가 공개**되어 있습니다. 보통 제작사에서 제공하는 결과 링크나 선행 논문을 적는데, 운이 나쁠 경우 항체를 잘못 쓰고 있었다는 사실을 알게 될 수도 있습니다…

진핵 세포주 부분에서는 정확한 세포의 이름과 기원을 적습니다. 부정확한 세포주를 이용한 연구가 생각보다 많아서 추가되었다고 합니다. 보통 ATCC(American Type Culture Collection)에서 구매하는 경우가 많으나, 분양받은 세포의 경우 어디서 받았는지 적어야 합니다. 세포주의 검증 근거, 마이코플라스마 감염 여부도 적습니다(확인 안 했으면 안 했다고 적어도 됩니다).

동물 부분에서는 실험동물의 공급처, 혈통, 주령, 동물 시설의 등급과 관리 방법 등을 적게 됩니다. 여기서 **어려운 부분은 마우스 주령**입니다. 실험마다 성별과 주령을 적어야 하는데 결과만 있고 주령이 안 적혀 있으면 고된 작업을 해야 합니다. 유전형 검증 실험 날짜까지 거슬러 올라간 적도 있습니다. 미리 알았다면 잘 적어뒀을 거예요.

유세포 분석 부분도 따로 있습니다. 표지 마커(Marker)와 형광체(Fluorochrome)를 잘 적었는지, 축이 잘 보이는지, 정량값이 쓰여 있는지 등을 확인합니다. 샘플링 방법, 장비명, 소프트웨어 등을 적고 게이팅 전략도 적거나 보여줘야 합니다.

3   소스 데이터(Source Data)

논문의 재현 여부를 보증하기 위해 제출하는 파일입니다. 우선 저자들이 결과를 올바른 방식으로 통계 분석 했는지 확인하기 위해서, **결과 숫자를 엑셀 파일로 제출**하게 됩니다. 원칙적으로는 그래프로 나타낸 모든 결과가 대상입니다. 작성하다 보면 그래프만 있고 원본 데이터를 못 찾는 경우가 있습니다. 그때는 연구 노트와 장비 하드디스크와 온갖 USB와 메일과 카카오톡을 뒤지게 되는데 미리미리 잘 정리해 두시기를 바랍니다. 웨스턴 블랏의 경우 살리지 않은 원본 젤 이미지를 첨부해야 합니다. 이것도 나중에 편집된 것만 있고 원본을 못 찾는 경우가 있어서 잘 챙겨두시기를 바랍니다.

4   데이터 활용 가능성(Data Availability)

《네이처》 계열의 경우 RNA-Seq 원시 데이터(Raw Data)는 Gene Expression Omnibus(GEO)에, 단백체 원시 데이터 PRIDE에 저장하는 것을 원칙으로 하고 있습니다. 등록 신청하고 공개 상태가 되기까지 시간이 다소 걸리기 때문에 투고 시점에서 미리 올려둬야 시간을 절약할 수 있습니다. 사용한 플라스미드(Plasmid)도 애드진(Addgene)에 저장해 두는 것을 권장합니다. 이 경우에도 플라스미드를 보내고, 시퀀싱해서 업로드되기까지 시간이 걸려서 논문을 수정할 때 미리 해두시면 좋습니다.

5 | 편집 정책 확인(Editorial Policy Checklist)

《네이처》 학술지 정책에 동의하냐는 내용입니다. 주요 내용이 요약되어 있는데 첫째로 소스 데이터, 원시 데이터, 코드 등이 공개되고 접근할 수 있는지 확인합니다. 두 번째로 그래프에서 모든 데이터가 점도표(Dot Plot)나 박스 플롯(Box Plot)으로 적절하게 그려졌는지, 오차 막대의 종류를 명시했는지 확인합니다.

또 웨스턴 블랏 결과에서 로딩 대조군(Loading Control)이 같은 젤 상에 있는지, 표기는 잘되었는지 확인합니다. 때때로 연구자의 실수로 이미지가 중복되거나 뒤바뀌는 경우가 있는데, 출판 후에는 정정(Erratum)으로 수정해야 하므로 상당히 번거롭습니다. 추가로 단백질 구조의 경우 Protein Data Bank(PDB)에 등록해야 하고, 마우스 실험의 경우 동물실험윤리위원회(IACUC) 승인을 받았는지, 인체 시료의 경우 기관생명윤리위원회(IRB) 승인을 받았는지, 임상 시험은 등록 번호가 있는지 등을 확인합니다.

이제 다음 장에서는 본문에서 확인해야 할 부분에 대해서 말씀드리겠습니다.

완성도 높은 본문, 이렇게 쓰면 된다!

이제 본문에 대해서 말씀드리겠습니다.
내용과 별개로, 완성도와 엄밀성이 높아 보이면 신뢰가 갑니다.

1 | 기본

심사를 받아야 하므로 줄 번호와 페이지 번호를 넣어주세요. 없으면 심사자 입장에서는 위치 언급이 불편해서 기분이 좋지 않을 수 있습니다. 오타도 절대 틀리지 않겠다는 각오로 확인하세요. 한두 개 정도는 이해해도 더 많아지면 성의 없어 보입니다. 유전자 이름 등 두문자어(Acronym)를 쓸 때 처음 나왔다면 괄호 안에 전체 이름을 같이 적어줘야 합니다. 새로운, 신규, 최초(New, Novel, First) 같은 말들을 쓰고 싶은 마음이 굴뚝 같겠지만, 되도록 쓰지 않는 것이 세련되어 보입니다.

2 | 제목

제목이 너무 짧으면 내용을 알 수 없고, 너무 길면 지엽적으로 느껴질 수 있습니다. 종합지의 대표적인 거절 사유 중 하나가 '넓은 독자층의 관심 부족'입니다. 사실 제목이 길어지는 이유는 구체적인 상황을 특정하기 때문입니다. 15 단어 정도로 일반화해서 적는 것이 관심을 끌기 좋습니다. 약간 비약이 있더라도 일단 읽어보게 만들고 나중에 수정 요청이 들어오면 바꾸면 됩니다. 아주 아주 중요하고, 생각보다 어려우니 많이 고민해 보세요.

3 | 저자 & 소속

정확한 내용을 적고 절대 틀리면 안 됩니다. 이름을 왜 틀리나 싶은데, 같은 한국어라도 영문 스펠링이 다양하고 대소문자, 하이픈 등이 있어서 잘못 쓰는 경우가 있습니다. 기존 논문을 보고 그대로 쓰거나 저자에게 꼭 확인받아야 합니다. 여러 이유로 저자를 빠뜨리는 일도 있는데, 기분 상하는 것도 문제지만 나중에 추가하려면 절차가 복잡해서 저자 목록을 잘 확인해야 합니다. 저자의 소속도 다양한 경우가 많고, 성과에 반영되는 부분이기 때문에 꼭 각 저자분에게 확인받으시는 것이 좋습니다. 공동 1저자와 공동 교신저자도 잘 표시해 두세요. 요새는 동명이인을 구별하기 위해서 주요 저자의 ORCID(Open Researcher and Contributor ID) 번호를 적는 일도 있습니다. 연구자 고유의 바코드 같은 것인데 아직 가입하지 않았다면 프로필을 만들어 두세요.

4 초록

심사자를 구할 때 제목과 초록만 볼 수 있어서, 제목 다음으로 중요합니다. 줄글로 쓸 수도 있고 구조화해서 쓸 수도 있습니다. 구조화라는 건 배경, 방법, 결과, 결론을 나눠서 쓰라는 얘기인데, 줄글로 써도 순서는 똑같아서 형식만 맞춰주면 됩니다. 150 단어 정도를 추천합니다. **그래픽 초록은 선택 사항인 경우가 많은데, 제출하는 것을 권장합니다.** 기존에 있는 그림은 저작권 문제가 생길 수 있어서 바이오렌더(BioRender)나 마인드더그래프(Mind the Graph) 사이트를 이용해서 새로 그리시는 것이 좋습니다. 예쁜 그림이 있으면 운이 좋을 경우 표지에 선정될 수도 있고, 출판 후 국내 보도자료에도 활용할 수 있습니다. 그래픽이 있으면 학술지 SNS에 더 잘 올려주는 것 같기도 합니다.

5 그림

구두 발표에는 보통 시간의 한계가 있지만, 논문에서는 공간의 한계가 있습니다. 발표는 간단하게 하는 게 좋다고 말씀드렸지만, 논문에서는 최대한 많은 내용을 압축해서 넣어도 됩니다. 대신 **수평, 수직, 중앙 등 정렬이 잘 맞아야 시각적으로 안정된 느낌**이 듭니다.

데이터 관련해서, 《네이처》 계열에서는 그래프를 그릴 때 각 데이터를 점으로 나타내는 것을 권장합니다. 단순한 막대그래프의 경우 시료의 수와 분포가 잘 안 보이기 때문입니다. 이렇게 그리는 게 엑셀에서는 다소 어렵기 때문에 프리즘(Prism)이나 오리진(Origin) 같은 외부 프로그램의 도움을 받는 것이 좋습니다. 저희도 실제로 지적받은 뒤 모든 막대그래프를 새로 다시 그렸습니다.

이미징 결과의 경우 스케일바(Scale Bar)를 반드시 표시하고 범례에도 적어야 하는데, 나중에 귀찮아질 수 있으니 처음부터 포함해서 출력하시는 것을 추천합니다.

6 범례

놓치기 쉬운데, 재현에 대한 부분도 꼭 적어야 합니다. 먼저 말씀드리고 싶은 부분은 기술적 반복(Technical Replication) 사이에는 통계 처리를 할 수 없고, 생물학적 반복(Biological Replication)인 경우에만 통계 분석 및 오차 막대를 나타낼 수 있습니다. 기술적 반복을 한 결과에서 오차 막대를 그리면 매우 작아서 딱 봐도 이상해 보입니다. 오차 막대가 무엇인지도(SD, SEM, CI) 표시해야 합니다. 웨스턴 블랏과 이미징에서 대표적 이미지를 사용했다면 정량 결과도 들어가면 좋습니다. 반복 실험 여부를 표시해야 하는데, 정량 결과가 있으면 3~4회 이상 재현되었다는 뜻이니 훨씬 설득력이 있습니다. 마우스 실험의 경우 패널마다 주령과 마릿수를 적는 것이 좋습니다.

7 | 결과 & 토의

소제목을 작성하면 내용이 눈에 더 잘 들어옵니다. 공백 포함 60자 이내를 추천하고 있고, 쉽게 쓰려면 그림 제목을 요약하시면 됩니다.

8 | 참고문헌

참고문헌이 30개보다 적다면 수작업으로 해도 되지만, 엔드노트(EndNote)를 사용하는 것이 편리합니다. 보통 학교 도서관에서 정기적으로 교육하고 있으니 배워서 사용해 보세요. 그런데 엔드노트를 써도 제대로 표현되지 않는 경우가 있어 마지막에는 **반드**

시 눈으로 직접 확인하고 수정**하시는 것이 좋습니다. 종설 논문을 언급할 때 너무 오래된 논문보다는 비슷한 내용의 최근 논문을 쓰는 것이 좋고, 책의 경우 너무 광범위하므로 구체적인 연구 논문을 쓰시는 것이 좋습니다.

마지막으로 심사와 수정 관련 팁을 말씀드리겠습니다. **무조건 경청하고 감사를 표현**하세요. 실험을 다 하면 좋지만 못 하더라도 최선을 다하는 시늉이라도 하세요. 심사를 받았다는 건 승인 확률이 아주 높아졌다는 의미이고, 심사 후에 떨어지면 어디에 언제 출판될지 모릅니다.

예를 들어서 다음과 같은 말은 금기어입니다. 1) 당신 의견에 동의하지 않는다. 2) 이 논문의 주제를 벗어났다. 3) 자원과 시설이 부족하다. 그냥 **"좋은 의견 감사하다. 우리가 최대한 가능한 방법으로 추가 실험했다"**라고 하면 됩니다.

다음 장에서는 연구비를 따기 위한 연구제안서 작성 방법에 대해서 말씀드리겠습니다.

Part IV.

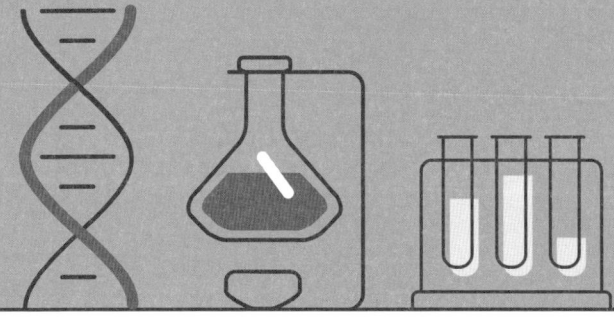

연구비 없이는 연구도 없다!

연구는
왜 하는 걸까?

**연구비는 연구를 하기 위해 필요한 건데…
연구는 왜 하는 걸까요?**

먼저 지식, 과학, 연구에 대해서 말씀드리고자 합니다. 지식과 관련된 어휘를 **자료**(Data), **정보**(Information), **지식**(Knowledge), **지혜**(Wisdom)로 나눌 수 있습니다. 자료는 각각의 사실과 관찰 결과를 의미합니다. 그런데 자료만으로는 부족하고 맥락(Context)이 더해지면 정보가 됩니다. 즉, 정보는 좀 더 구조화되어 있고 분류할 수 있어서 자료보다는 유용합니다. 그다음에 의미(Meaning)가 더해지면 지식이 됩니다. 이때부터는 새로운 아이디어와 개념이 등장할 수 있습니다. 최종적인 지혜 단계에 가기 위해서는 통찰(Insight)이 필요합니다. 이 단계에서는 이해와 통섭, 응용이 가능해서 결정을 내리고 행동할 수 있습니다.

예를 들면 자료는 읽지 않은 논문과 같습니다. 정보부터는 논문의 내용은 알고 있는 상황이고, 지식부터는 어떻게 연결되어 있는지 알 수 있습니다. 통찰력이 생기면 멀리 떨어진 두 지식의 관계를 인식하고, 지혜 단계에서는 구체적인 사항까지 파악할 수 있습니다. 그런데 만약 **정보를 근거 없이 제멋대로 이어버린다면 음모론에 불과**합니다.

그렇다면 '안다는 것'은 무엇일까요? 이에 대해서 동양 철학과 서양 철학이 비슷한 결론에 도달했습니다. 공자는 "안다는 것이란, 아는 것을 안다고 하고 모르는 것을 모른다고 하는 것"이라고 말했습니다. 또, 서양의 소크라테스는 "나는 내가 아무것도 모른다는 것을 안다"라고 말했습니다. 즉, 우리가 **무언가를 안다는 것은 그 지식의 한계를 알고 있다는 뜻**입니다.

과학의 목적은 인류 지식의 한계를 돌파하는 것입니다. 그래서 꼭 이공계가 아니더라도 인문과학이나 사회과학이라는 표현도 많이 사용하고 있습니다. 과학자가 되고 싶은 사람들은 박사과정을 통해 지식의 한계를 확장합니다. 사실 모든 사람이 박사가 될 필요가 없고, 학위가 없어도 충분히 잘 살 수 있습니다. 다만 이런 지적 호기심을 가지고 있는 사람들이 굳이굳이(?) 대학원에 오는 것입니다. 최근 영화 속에서는 박사라고 하면 보통 미치광이 빌런인 경우가 많습니다만, 실제로는 **미지의 영역을 탐구한다는 면에서 과학자는 탐험가에 가깝다고 생각합니다.**

✤ 카스파르 다비트 프리드리히, 〈안개 바다 위의 방랑자〉

그중에서도 의과학 분야 박사과정에 대해서 말씀드리고자 합니다. 솔직히 의과학이라는 개념에 약간 모호한 부분이 있습니다. 마치 이전에 생물학(Biology)에서 생명과학(Biological Sciences, Life Sciences)으로 변화한 것처럼, **생명과학 중에서도 인간의 질병을 다루는 분야가 의과학(Biomedical Science)으로 변화**하고 있는 것 같습니다. 즉 의과학이라는 학문의 목적은 신약의 연구와 개발에 기여하는 것이라고 생각합니다. 전통적인 의과대학의 경우 임상의학과 기초의학이 나누어져 있고, 기초의학에서도 연구 범위에 따라 생화학 교실과 생리학 교실이 구분되어 있습니다. 앞으로는 교실의 벽을 허물고 의과학이라는 이름으로 통합적인 접근을 하는 것이 좋지 않을까 합니다.

보통 화학과 생리학이라고 하면 대단히 거리가 있어 보이지만 꼭 그렇지는 않습니다. 노벨상이 그 예입니다. 1968년 단백질 합성, 1986년 성장 인자 발견, 2001년 세포 주기 조절자 발견, 2013년 물질 수송 경로 등의 연구로 **생화학자들이 노벨생리의학상을 받았습니다.** 반대의 경우도 있습니다. 1997년 이온 수송 효소, 2003년 물 채널, 2004년 단백질 분해, 2015년 DNA 복구에 관한 연구로 의사들도 노벨화학상을 수상했습니다. 그뿐만 아니라 1980년 DNA 시퀀싱, 1993년 PCR, 2020년 CRISPR/Cas9 등은 노벨화학상을 받았지만, 현재 각각 희귀병 진단, 코로나 검사, 세포 치료제 개발 등에 활용되고 있습니다.

자, 그렇다면 연구는 무엇일까요? **연구는 가설을 시험하는 것**입니다. 이와 관련해서 다윈의 불독으로 불렸던 토머스 헉슬리(Thomas Huxley)는 "과학의 가장 큰 비극은 바로 추한 사실로 아름다운 가설을 죽이는 일이다"라고 말했고, 1965년 노벨물리학상 수상자인 리처드 파인먼(Richard Feynman)도 "이론이 얼마나 거창한지, 당신이 얼마나 똑똑한지는 중요하지 않다. 만약 실험 결과와 일치하지 않는다면 그것은 틀린 것이다"라고 말했습니다.

'Secret Lab of a Mad Scientist' 블로그를 운영하는 남궁석 박사님께서도 비슷한 말씀을 하셨습니다. 연구를 안 해본 사람들은 가설을 시험하는 과정이 거의 없거나 한두 번이라고 생각할 수 있지만 실제로는 **가설 시험의 반복 자체가 과학의 본질**이라고 할 수 있습니다. 제 분야에서는 보통 2~4주마다 실험 결과에 따라 가설 시험을 하게 되지만, 다른 분야에서는 그 주기가 하루 또는 3개월이 될 수도 있습니다.

그러니까 사실은 원래 목표했던 곳에 거의 못 갑니다. 잘 생각해 보면, 이제 **막 학계에 들어선 사람이 처음으로 구상한 가설이 맞을 리가 없죠.** 이렇게 헤매고 저렇게 헤매고 연구하다 보면 생각하지도 못한 새로운 결과를 만날 수 있습니다. 이런 면에서 과학자는 탐험가와 비슷합니다. 탐험(연구)의 목적은 호기심과 명예입니다. 그냥 궁금해서 하는 것이고, 만약 잘되면 첫 번째로 이름을 남길 수 있겠죠. 다만 다른 사람들에게는 이 연구가 인류에게 어떻게 도움이 될 수 있는지 잘 설명해야 합니다.

마지막으로 기초 연구의 비밀을 폭로하고자 합니다. 미국의 화학자였던 호머 버튼 앳킨스(Homer Burton Adkins)는 **"기초 연구란 허공에 활을 쏜 뒤 활이 떨어진 자리에 과녁을 그리는 것"**이라고 말했습니다. 일반적인 믿음과는 달리, 처음부터 정해진 과녁을 향해 쏘는 게 아니라는 뜻입니다. 인상 깊은 결과는 때로 의도하지 않은 곳에서 나옵니다. 콜럼버스는 인도에 가지 못했지만, 유럽 사람들에게 아메리카 대륙의 존재를 알렸습니다(다만 죽을 때까지 인도라고 믿었습니다). 그래서 어떤 발견에는 뜻밖의 행운을 뜻하는 세렌디피티(Serendipity)가 필요합니다. 마치 여행지의 잘못 들어간 길에서 멋진 장소를 발견하는 것처럼요.

결론입니다. 과학자는 연구를 왜 할까요?

우연한 결과에서도 아름다움과 의미를 찾기 위해서 연구를 합니다.

다음 장에서는 연구제안서(자신의 연구를 위해 타인을 설득하는 서류)에 대해서 본격적으로 말씀드리겠습니다. 지금까지 말씀드린 내용은 비밀입니다.

심사위원이 원하는 연구제안서는 따로 있다

 연구제안서 또는 연구계획서(Proposal)에는 두 가지가 있습니다. 제가 말씀드리려는 내용은 연구비를 따기 위한 연구제안서(Research Proposal)입니다. 이는 학위논문 연구계획서(Thesis Proposal)와는 차이가 있습니다. 주로 학위과정 1~2년 차에 하게 되는 연구계획서의 목적은, 이 연구가 학문적으로 적절한지 검토받는 것입니다. 그래서 중심 가설과 구체적인 목표에 집중해서 쓰게 되고, 심사위원분들도 얼마나 논리적이고 과학적인지를 주로 평가합니다.

 연구제안서의 목적은 연구비를 투자받는 것입니다. 더 현실적인 부분이 있어서 이 연구가 해당 지원사업에 적합하다는 점, 수행 역량이 있다는 점, 다양한 활용 방안과 기대효과가 있다는 점에 집중해서 써야 합니다.

연구비는 과제라고 표현을 많이 하고, 그랜트나 펀드로 불리기도 합니다. 육성의 측면이 있다면 펠로우십으로 부르기도 합니다. 재원은 과학기술정보통신부, 교육부, 보건복지부, 보건산업진흥원 등 국가 예산인 경우가 많고 주로 한국연구재단에서 관리합니다. 이 외에도 삼성미래기술육성사업, 포스코사이언스펠로십, 서경배과학재단 등 사기업에서 주는 연구비도 있습니다. 앞서 말씀드린 것처럼, 학교에서는 교수의 월급밖에 주지 않기 때문에 이런 연구비를 수주해야 학생 인건비, 재료비, 장비비, 학회 참석 등에 사용할 수 있습니다. **과제는 연구자에게 물질적으로 중요할 뿐만 아니라, 명예와 능력의 상징이기도 합니다.**

연구제안서는 교수가 전부 쓴다고 생각할 수도 있지만, 학생들이 많이 기여하는 경우도 있습니다. 본인의 연구와 관련 있는 과제라면 작성 경험이 도움이 됩니다. 논문 작성이나 커버 레터를 쓸 때 도움이 될 뿐만 아니라, 자기소개서, 논문 소개서, **보도자료를 작성할 때도 큰 도움이 됩니다.** 가장 좋은 건 경험을 살려서, 박사후과정일 때 본인만의 연구비를 수주하는 것이겠지요.

연구비는 범부처통합연구지원시스템(IRIS)에 공고와 신청 요강이 올라옵니다. 개인 과제는 **주제가 자유로운 때도 있지만, 집단과제의 경우 과제제안요구서(Request For Proposal, RFP)가 함께 올라옵니다.** 추진 배경, 연구 내용 및 성과 목표, 평가항목 및 배점이 공개되어 있어서 꼼꼼하게 잘 읽어야 연구비를 수주할 수 있습니다.

연구제안서 작성의 첫 번째 원칙은 쉽게 써야 합니다. 심사자들이 이해하지 못하면 지원자의 능력이 부족하거나, 그 주제가 중요하지 않다고 생각합니다. 내가 잘 모르겠으니 공부해서 평가해야겠다고 생각하지 않습니다(바쁘신 분들입니다). 두 번째 원칙은 보기 좋게 써야 합니다. 작성 요령은 반드시 지키셔야 합니다. 간혹 많은 내용을 담기 위해 폰트 크기나 줄 간격을 줄이는 경우가 있는데 가독성이 많이 떨어집니다. 문단이나 페이지 구성도 읽기 좋게 잘리지 않도록 조절하는 것이 좋습니다. 또 이해를 도울 수 있도록 명료한 그림을 넣는 것을 추천해 드립니다.

연구제안서는 마치 내비게이션과 같습니다. 일단 현재 위치에 관해서 설명하고(출발지), 도달하고 싶은 장소를 설명합니다(도착지). 그곳에 가야 하는 이유가 '연구목적과 파급 효과'가 될 것이고, 비슷한 곳에 가본 경험이 있다면 '연구역량'이 될 것입니다. 구체적으로 가는 방법이 '연구 방법'이 되고, 필요한 자원은 '연차별 목표와 예산'이 됩니다.

연구주제를 고르는 게 참 어렵습니다. 지도교수님이 정해주는 때도 있지만 언젠가는 독립해야 하는 날이 옵니다. 제 경험으로는 분야의 논문을 읽거나 학회에 참석하다 보면 눈에 들어오는 키워드들이 있습니다. 즉, 첫 번째로는 이렇듯 나에게 흥미로운 주제를 선택해야 합니다. 두 번째로는 연구 배경을 조사해서 아무도 아직 안 했는지 확인해야 합니다. 아무리 찾아봐도 아무도 안 했다면 그 이유도 알아내야 합니다. 만약 그 이유가 **당시에는 관련 기술이 없었고, 지금은 있다면 연구하기 좋은 주제**라고 할 수 있습니다. 세 번째로는 내가 잘할 수 있는지 생각해 봐야 합니다. 세상에는 다양한 분야의 흥미로운 연구주제들이 많이 있지만, 내가 남들보다 잘할 수 있는 주제는 많지 않습니다.

연구주제를 정했다면 보통 연구 제목, 연구의 필요성, 연구 목표, 연구 내용/방법, 기대효과, 선행연구/연구역량 구조에 맞춰서 연구제안서를 쓰게 됩니다. 특히 **연구의 필요성과 목표에는 해당 분야에 대한 완벽한 이해**를 보여줘야 합니다. 그동안 여러 연구가 있었지만, 부족한 점이 있었고, 내가 채워 넣겠다고 쓰면 됩니다.

연구 내용/방법에서는 새로운 무언가가 등장해야 합니다. 앞에서 얘기한 것처럼, 그동안 사람들이 하지 못했던 이유를 설명하면 좋습니다. 당시에 기술이나 지식이 부재했는데, 최근에 새로운 발명/발견이 이루어졌고, 이를 이용하면 문제를 해결할 수 있다는 식으로 쓰시면 됩니다. 다만 **실현이 가능한 근거나 차선책 등을 제안해야 현실성 있는 제안서로 평가**받을 수 있습니다.

기대효과에서는 최대한 광범위하게 쓸 수 있으면 좋습니다. 특정 분야의 작은 문제에서 시작하지만, 이 연구를 통해 본인 분야뿐만 아니라 다른 분야에서도 참고할 수 있고, 궁극적으로 **인류의 어떤 소원을 달성하는 데 기여**할 수 있다고 쓰시면 좋습니다.

선행연구/연구역량 부분에서는… 사실 거의 완료된 연구가 있으면 제일 좋습니다. 연구를 하려고 연구제안서를 내는 건데, 이게 순서가 바뀐 셈이지만 어쩔 수가 없습니다. 현실적으로 데이터가 많을수록 수주 확률이 높아집니다. 왜냐하면 이미 필요한 카드를 다 가지고 있으니, 최소한의 패만 전략적으로 노출하면서 제안서를 쓸 수 있기 때문입니다. 결과를 알고 있으니, 연구계획이 현실성이 있고 어떤 경우에는 마치 예언자처럼 보이기도 합니다. 즉, **연구비가 있으면 다음 연구에 대한 예비 결과를 얻을 수 있어 선순환**되지만, 한번 끊기면 결과가 없어서 연구비를 못 따고, 연구비를 못 따서 결과가 없는 악순환에 빠질 수 있습니다.

마지막으로 육하원칙에 따라 연구제안서의 내용을 요약하면 다음과 같습니다.

1) 왜: 질병을 극복하는 데 기여할 수 있기 때문에
2) 무엇을: 아직 아무도 하지 않았던 주제를
3) 어떻게: 최근에 발견된 새로운 접근 방법으로
4) 언제: 주어진 연구 기간 안에
5) 어디서: 연구 환경이 우수한 소속기관에서
6) 누가: 관련 경험과 능력이 있어 성공시킬 수 있는 내가

연구비 심사를 통과하는 숨은 비밀

연구제안서를 아무리 잘 써도 연구 윤리를 지키지 않거나, 평가 분야를 잘못 정하거나, 예산안을 이상하게 쓰면 통과하기가 어렵습니다. 이제부터 하나씩 살펴보겠습니다.

1 동물실험윤리위원회(IACUC)

IACUC는 Institutional Animal Care and Use Committee의 약자이고 동물실험시설 운영기관에는 반드시 설치되어 있습니다. 동물 실험을 하기 전에는 반드시 IACUC에서 동물실험계획서를 심사받아야 합니다. **연구제안서 작성 이전에 동물실험계획을 미**

리 승인받아 두는 것이 좋습니다. 기관에 따라 2~3개월이 소요될 수도 있습니다.

IACUC는 3R 원칙에 따라 동물실험계획서를 평가하고 감독합니다. 첫 번째 R은 대체(Replacement)입니다. 마우스 실험을 한다면, 마우스 모델을 사용해야 하는 이유를 설명해야 합니다. 시뮬레이션, 세포실험, 오가노이드, 하등 동물 등으로 대체 불가능한 이유를 적는 것이 좋습니다.

두 번째 R은 개선(Refinement)입니다. 동물의 고통을 감소시켜 줄 방안을 고려해야 합니다. 예를 들어, 종양을 심는 실험의 경우 불필요한 고통을 줄이기 위해 종양이 일정 크기 이상이 되기 전에 또는 체중이 20% 이상 감소하기 전에 실험 종료하는 것을 권장합니다. 안락사는 어떻게 할 것인지, 마취제는 무엇을 사용할 것인지도 고려해야 합니다.

마지막 R은 감소(Reduction)입니다. 사용되는 동물의 수를 최소로 설계해야 합니다. 각 군은 어떻게 구성되는지, 마릿수는 어떻게 할 것인지, 반복 실험은 얼마나 할 것인지 계산해서 전체 사용되는 마우스 마릿수를 적어야 하고 그 안에서 실험을 완료해야 합니다.

동물실험계획서에는 동물교육이수번호가 들어갑니다. **기관에 따라 동물실험교육을 분기마다 진행하는 곳도 있으니 놓치지 않도록 유의하세요.** 그다음은 동물 종류, 체중, 주령, 성별 등의 정보를 적습니다. 보정과 식별은 어떻게 할 것인지, 어떤 동물 실험(샘플링, 처치, 감염, 발암) 등을 할 것인지도 적어야 합니다. 투여하는 물질이 있으면 물질의 종류, 투여량, 일정, 투여 방법에 대해서 적습니다. 동물이 겪게 될 고통의 정도는 아래와 같이 A부터 E까지 있고, 고통스러운 실험일수록 심사를 깐깐하게 봅니다.

A: 생물 개체를 이용하지 아니하거나 원충 및 무척추동물을 사용하는 실험
B: 척추동물을 사용하지만 거의 고통을 주지 않는 실험
C: 척추동물에게 약간의 스트레스 혹은 단기간의 작은 통증을 주는 실험
D: 척추동물(마취, 진통, 진정제 사용)에게 회피할 수 없는 스트레스 혹은 통증을 주는 실험
E: 척추동물(무마취)에게 인내 한계에 가깝거나 그 이상의 통증을 주는 실험

2 기관생명윤리위원회(IRB)

IRB는 Institutional Review Board의 약자로 기관생명윤리위원회라고 부릅니다. IACUC가 동물 실험을 승인하는 위원회라면 **IRB는 인체 유래물 또는 인간 대상 연구를 승인하는 위원회입니다.** 연구목적이나 선행연구 결과 등 기본 정보를 적고, 연구대상자/샘플의 선정 및 제외 기준을 제시해야 합니다. 데이터 수집 방법과 목표 숫자, 산출 근거에 대해서 적어야 하고, 관찰항목 및 임상검사 항목에 대해서도 적어야 합니다. 마지막으로 연구대상자

의 이익과 위험에 관해서도 서술해야 합니다. IRB를 준비하고 승인받는 것이 꽤 어렵기 때문에, 의사분들이 큰 장벽을 느끼고 연구를 포기하는 경우가 종종 있는 것 같습니다. 달리 말하면 IRB 작성법만 잘 익혀도 원하는 연구를 다양하게 하실 수 있습니다.

3 | 평가학문분야(RB)

IRB와 이름이 비슷하지만, 전혀 다릅니다. RB는 Review Board의 약자로 평가학문분야 또는 전문위원으로 부릅니다. 과제를 제출할 때 심사 분야를 선택하게 되어있는데, 꽤 중요한 부분이라서 잘 생각해 보시는 것이 좋습니다. 보통은 교수님께 어디에 넣어야 하는지 물어보면 알려줄 것입니다. **분야마다 고유의 영역이 있어서 RB를 잘못 정하면 탈락할 확률이 높아집니다.** 교수님들이 자주 모여서 학회를 하고 네트워킹을 하는 이유에는 과제 지원과 심사를 고려하는 부분도 있습니다.

예를 몇 가지 들겠습니다. 생화학 연구는 어디에 넣어야 할까요? 자연과학-화학-생화학/화학생물학 RB도 있고, 생명과학-기초생명-생화학 RB도 있습니다. 뇌 연구는 어디에 넣는 것이 좋을까요? 생명과학-분자생명-신경생물학 RB도 있고, 의약학-기초의학-신경의학 RB도 있고, ICT/융합연구-바이오/의료융합-뇌인지과학 RB도 있습니다. 인공지능을 이용한 단백질 구조 연구는 생명과학-분자생명-구조생물/생물물리학에 넣어야 할까요, 아니면 ICT/융합연구-컴퓨터/소프트웨어-인공지능에 넣어야 할까요? **정답은 없습니다. 각 학단의 RB 소개서를 잘 읽고 주위 사람들과 의논**하여 가장 유리할 만한 곳에 넣는 것이 좋습니다.

4 예산안

처음 연구제안서를 쓰다 보면 예산안 작성에서 막히는 일도 있는데, 알고 나면 어렵지 않습니다. 연구비는 보통 간접비(기관 몫)와 직접비(연구자 몫)로 구성됩니다. **간접비는 기관에서 일괄적으로 가져가는 돈으로 세금처럼 생각**하시면 됩니다. 보통 15~30% 정도 떼가는데 보통 산학협력단 직원 인건비나 기관 장비비 및 운영비, 연구실 보험비, 특허 비용 등으로 쓰입니다.

직접비는 크게 인건비, 연구시설/장비비, 연구재료비, 연구수당, 연구활동비로 나뉩니다. 인건비 항목은 연구원, 행정 인력, 대학원생의 인건비로 사용되고 보통 전임 교원은 추가 인건비를 받을 수 없습니다. 연구시설과 장비에는 장비 구매, 임차비, 유지비가 포함되고, 연구재료비는 시약이나 관리 시스템의 운영 비용 등에 사용됩니다. 연구수당은 인건비와 교수연봉 합의 20% 이내로 잡을 수 있는데, **첫 과제 지원이라면 연구수당은 잡아두지 않는 것이 안전합니다.**

연구활동비가 가장 다양하게 활용됩니다. 출장비나 회의비로 쓸 수 있고, 연구인력 지원비라고 해서 학회나 세미나 참석 비용,

야근 식대로도 활용됩니다. 소프트웨어 구매나 외부 전문기술 활용, 지식재산 출원 비용으로도 쓸 수 있습니다. 또, 문헌구입, 논문 게재료, 인쇄비 등으로도 집행할 수 있습니다. 종합하면 대략 **인건비**(25~50%), **장비비+재료비**(30~60%), **연구활동비**(15~30%) 정도로 구성되는데 분야마다 다를 수 있습니다.

치열한 경쟁 속에서 승승장구하시기를 기원합니다.

Part V.

교수가 되고 싶다면?

시작이 반!
매력적인 CV 작성법

자, 그동안 고생 많으셨습니다.
이제 대학원을 졸업했다면 교수 임용 과정을 알아볼까요?

+ Pixabay, @Elf-Moondance

많은 박사님께서 박사과정과 박사후과정 동안 고생하신 것을 알고 있습니다. 레스토랑에 비유하자면 재료 손질부터 시작해 이제 멋진 요리사가 되신 겁니다. 그런데 **교수 임용은 총주방장을 뽑는 것이 아니라, 레스토랑을 경영할 수 있는 점장을 뽑는 것**입니다. 메뉴 개발(논문 실적), 경영(과제 수주), 직원 교육(교육 능력), 후기 관리(인간관계) 모두 잘해야 합니다. 학교 입장에서는 지원자의 미래 30년을 보고 큰 투자를 하는 것이기 때문에, 회수할 수 있을 만한 사람을 뽑으려고 합니다.

결론부터 말씀드리면 임용은 운입니다.
그렇지만 운을 놓치지 않는 것이 중요합니다.

가장 먼저 해야 할 일은 다른 사람을 참고하는 것입니다. BRIC의 큰 장점 중 하나는 다른 사람의 CV(Curriculum Vitae)를 무료로 볼 수 있다는 점입니다. 자신의 커리어보다 **3~5년 정도 빠른 사람을 참고**하는 것이 좋습니다. 너무 차이가 크게 나면 와닿지 않고, 차이가 없으면 잠재적인 경쟁자이기 때문입니다. 관심 있는 학교, 학과의 조교수나 한빛사에 올라오는 분 중 젊어(?) 보이는 분들을 확인하시면 됩니다. 특히 의과학 분야에서는 임용되는 교수님들 대부분이 한빛사급 논문을 쓰셨기 때문에 검색 후 로그인만 하면 CV 파일을 다운 받을 수 있습니다.

앞서 말씀드린 교수 임용에 필요한 네 가지 요소를 CV 항목과 연관 지어 말씀드리고자 합니다. 1차 평가를 CV만 받는 일도 있어서 CV를 잘 만들어야 합니다.

1 | 논문 실적(Publication)

너무 당연한 이야기이니 짧게만 쓰도록 하겠습니다. 실적 계산은 학교마다 다양한 채점 기준이 있습니다. 제가 경험하기에는 대략 **5년간 주저자 논문 3편 이상, 임팩트팩터(Impact Factor, IF) 합 50 이상** (주저자 수로 나누었을 때는 IF 20 이상)인 경우 기준을 통과하는 것 같습니다. 학교마다 다르니 조금 부족해도 지원해 보시기 바랍니다.

중요한 점은 논문에 유통기한이 있다는 점입니다. 아무리 좋은 논문을 내도 학교 시스템상 3~5년이 지나면 점수를 매길 수가 없습니다. 만약 여러 논문을 동시에 준비하고 있거나 수정 중이라면 속도를 조절하여 **최대한 비슷한 시기에 연달아 나오는 것이 유리**합니다.

만약 학술지에서 별도 기사가 나왔거나 표지로 선정되었다면 최대한 눈에 띄게 표시하시는 것이 좋습니다. IF 10점 이상 논문을 쓰셨는데 한빛사에 누락되어 있다면 바로 등록 신청하시고, 인터뷰나 웨비나도 신청하실 수 있습니다. 사진과 CV도 예쁘게 만들어서 업로드하시면 많은 분이 **여러분의 존재를 알 수 있게** 됩니다.

2 과제 수주(Grant, Fund, Fellowship)

교수의 역할은 다양하지만 **가장 중요한 일은 연구비를 따오는 것**입니다. 학교에서는 교수의 월급과 공간 외에는 지원해 주는 것이 거의 없습니다. 과제를 수주해야만 학생 인건비를 지급하고, 장비를 설치하고, 실험 재료를 구매할 수 있습니다.

국내 박사후과정이 지원할 수 있는 과제 중 '박사후국내연수'와 '세종과학펠로우십'이 있습니다. 이 중 **세종과학펠로우십 수주를 목표**로 하시는 것이 좋습니다. 연 1억이라서 금액도 많고 교수가 되었을 경우 그대로 이관하여 연구비로 사용할 수 있습니다. 올해부터 경쟁률이 높아져 쉽지 않지만, 수주에 성공하면 임용 시장에서 상당히 유리해집니다.

이외에도 '연구계획서'를 제출해서 따온 펠로우십이 있다면 어필하시는 것이 좋습니다. 교내 과제가 될 수도 있고, 민간 연구비, 장학금이 될 수도 있습니다. 핵심은 금액에 상관없이 본인에게 **연구제안 능력이 있고, 투자받았다는 사실**을 보여주는 것입니다. BRIC Bio일정-공고나 하이브레인넷-학술연구정보-장학금/공모전을 적극적으로 참고하시기를 바랍니다.

아직 박사과정이라면 교수님의 지도하에 연구계획서나 보고서 등을 쓰는 일이 있을 텐데 실력 상승의 기회로 삼아 적극적으로 연습해 보시기 바랍니다. 특히 대부분 연구실은 **수주에 성공한 과제의 계획서**를 제본한 책이나 파일로 가지고 있어서 교수님께 배우고 싶다고 말씀드리면 보여주실 것입니다.

3 교육 능력(Teaching Experience)

보통 교육 관련된 부분은 조교 경험을 쓰시는 경우가 많습니다. 그런데 가장 좋은 것은 강의 경험을 쌓는 것입니다. 대부분의 학교에서 임용 서류 점수를 매길 때 상당한 가점이 있습니다. 논문 실적은 충분하시다면, 학교의 규정을 확인하신 후 지도교수님과 의논하여 강사를 지원해 보는 것도 도움이 되실 수 있습니다.

4 인간관계(Presentation, Award)

기본적으로 학회에서 포스터 발표는 많이 하셨을 것입니다. 그 외에 구두 발표(Oral Presentation) 젊은과학자프로그램(Young Scientist Program), 여비보조(Travel Grant), 각종 학회도 적극적으로 신청하시면 좋습니다. 상 자체가 중요하다기보다는 **학회에 적극적으로 참가하고, 네트워킹에 관심이 있다**고 받아들여질 수 있습니다. 만약 이미 많은 상을 받으셨다면, 전부 다 적기보다는 지원하는 학과에서 높게 평가하는 학회 위주로 작성하는 것이 좋습니다.

학회상 중에는 추천서가 있어야 하는 경우가 있습니다. 이럴 때 **학회상을 명분 삼아 미리 지도교수님께 추천서를 부탁**드리면 지도교수님께서 여러분을 평가해 볼 수 있는 기회가 됩니다. 또 이렇게 한번 작성해 놓으면 추후 임용 과정에서 추천서를 요구받았을 때 부담이 덜한 효과도 있습니다.

마지막으로, 평소에 모든 사람과 평판을 잘 쌓아야 합니다. 뻔한 말이지만, 항상 겸손하고 친절하게 대하세요. **그들이 여러분의 임용을 도와줄 수는 없어도, 적어도 망하게 할 수는 있습니다.** 평판 체크(그 친구 어때?)는 공식적, 비공식적으로 언제나, 어디에서나 일어날 수 있습니다. 아직 부족하지만, 교수가 되는 것이 꿈이라고 말하고 다니세요. 그러면 좋은 사람들이 나타나 여러분을 도와주기 시작할 겁니다. 이제 지원 서류를 준비해 봅시다.

지원 서류,
읽고 싶은 문서로 다듬기

**결론부터 말씀드리면
연습한다는 마음으로 최대한 많이 작성해 보세요.**

우선 대학교를 어디까지 고려할지가 중요한 문제입니다. 일반적으로 서울에 가까운 대학을 선호하는 경향이 있지만 종교, 본가 위치, 출신 대학에 따라 달라질 수 있습니다. 인생에서 중요한 부분이니 **가족과 의논하여 어디까지 괜찮을지** 생각해 보시기 바랍니다. 애매한 부분은 지도교수님과 논의해 보시면 의외의 정보를 알고 계실 수도 있습니다.

수도권 외에서는 의대가 있는 학교나 **의대에 지원하는 것도 좋은 전략**입니다. 전체적인 학생 수는 감소하고 있지만, 최근 기조를 보았을 때 의대생은 늘어날 것으로 보입니다. 의예과에서 일반화학, 유기화학, 생화학, 일반생물학, 분자생물학 등을 강의할 사람이 필요하므로 학부가 관련 과라면 시도해 볼 수 있습니다. 의대의 장점으로는 자연 계열보다 연봉이 높고 수업 부담이 적습니다. 단점으로는 대학원생 수급이 비교적 어렵고, 공동 연구실을 사용하는 경우가 많습니다.

최대한 많이 지원하는 것이 좋다고 말씀드렸지만, 단순히 복사–붙여넣기 하는 것은 의미가 없습니다. 학교마다 양식이 조금씩 달라서 **다양한 서식에서 연습**해 볼 수 있습니다. 학교에 따라 제출하고 나면 내용을 못 볼 수도 있어서 워드 파일에 백업을 만들어 놓는 것이 좋습니다. 서명이 필요한 경우도 많은데 PDF 전자 서명 기능을 이용하면 조금 더 수월하게 준비할 수 있습니다. 상장 등을 받게 되었을 때 바로바로 스캔하여 PDF로 만들어 두어야 나중에 찾기가 쉽습니다.

이제 공통으로 작성하는 다음 3개의 카테고리(연구계획, 강의 및 교육계획, 지원동기)로 나누어 말씀드리고자 합니다. 이해를 돕기 위해 저의 지원서 내용 일부를 함께 서술하였습니다.

1 연구계획

가장 중요하지만, 또 가장 어려운 부분이기도 합니다. 취직을

희망하는 구직자들이 항상 듣는 얘기이겠지만, **스토리가 있어야 합니다.** 과학적으로 얘기하자면 점 3개 이상을 찍은 뒤에 추세선을 보여주는 것입니다. 어떤 경로 속에서 연구가 진행되었는지 표현할 수 있으면, 앞으로의 연구도 외삽하여 예측될 수 있다는 뜻입니다.

그럼 도대체 스토리를 어떻게 만드느냐가 문제인데, 가장 쉬운 방법은 논문당 키워드를 10개씩 뽑는 것입니다. 논문이 3개가 있다고 할 때 총 키워드는 30개가 나올 것이고, 일부는 여러 번 나오고 일부는 한 번만 나올 것입니다. 이때 **공통의 키워드가 중심 내용이고, 고유한 키워드는 확장성**입니다. 공통의 키워드를 이용해 주 관심사와 전문성을 서술하시고, 고유한 키워드를 통해 협력과 융합연구에 관해 서술하시면 됩니다.

과제를 수주한 적이 있다면 연구계획서에 포함해서 작성하시면 좋습니다. 앞으로 전임 교원이 되었을 때 지원할 과제명과 연구주제를 구체적으로 적으면, **국내 과제 구조에 대해 잘 이해하고 있다**는 인상을 줄 수 있습니다.

지금 대학원생이신 경우 박사 학위를 받은 연구실에서 2년 이상 박사후과정으로 있으면 혹시나 독립적인 연구, 수주 능력이 낮다고 평가될 수도 있으니, 최소한의 기간 안에 마무리하시고 국내외에서 상대적으로 더 좋은 평가를 받는 기관으로 옮기시는 것을 추천해 드립니다.

"제 연구계획은 질병과 관련이 있지만 그동안 기능이 알려지지 않았던 미토콘드리아 단백질을 규명하는 것입니다. 사실, 미토콘드리아 단백질 중에서 20%의 단백질은 아직도 기능이 규명되지 않았습니다. 제가 연구한 Rtn4ip1/Opa10, Letmd1도 미토콘드리아 미규명 단백질이었습니다"

"또 다른 연구계획은 세종과학펠로우십 주제로서 교모세포종에서 세포 간 직간접적 상호작용을 규명하고, 관련 신규 표적 세포 및 단백질을 제안하는 것입니다. 이 연구를 통해 종양 네트워크를 조절하는 표적 단백질과 혈액 내에 존재하는 종양 유래 분비 단백질을 파악할 수 있을 것으로 기대합니다"

2 강의 및 교육 계획

만약 임용 공고에 '~강의 가능한 자'라고 적혀 있다면 해당 강의 위주로 작성하시면 됩니다. 없을 때는 학교 커리큘럼을 확인하여 **수업이 가능한 정확한 강의명**을 적는 것이 좋습니다. 학과에 대한 이해도가 높다고 평가받을 수 있습니다. 강의 능력 관련해서는 강사 경력 및 우수한 강의 평가를 어필하는 것이 좋지만, 없으시다면 학부 때 A+를 맞았다거나, 학술 동아리를 했다거나, 조교 경험이 있다거나, 조금 시시하지만, 아무튼 뭐라도 공간을 채우시는 게 좋을 것 같습니다.

교육 철학에 대해서 적으라는 곳들도 많습니다. 이때는 **박사후과정/연구교수 시절 대학원생의 지도 경험을 활용**하시는 것이 좋습니다. 박사후과정/연구교수는 실험만 열심히 한다고 생각할 수도 있지만 대부분은 랩의 중간 관리자가 되어 학생들의 실험 진행이나 논문 작성을 도와주는 경우가 생깁니다. 현재 박사후과정/연구교수이신 경우, 너무 실험만 열심히 하지 마시고 지도 능력을 쌓는다는 생각으로 학생들과 상호작용을 많이 하시면 좋을 것 같습니다.

박사후과정/연구교수로서 대학원생과 함께 프로젝트를 진행하고 논문 출판까지 했다면 제일 좋겠지만, 그렇지 않으면 **사수로서 어떤 경험을 했고 어떤 다짐을 했는지** 쓰시면 될 것 같습니다. 교육 철학은 최대한 진솔하게 적으세요. 그래야 떨어져도 나와 철학이 맞지 않는 곳이라고 합리화(?)할 수 있습니다.

> "단순히 전공 지식과 실험 능력뿐만 아니라, 정보를 습득하고 분석하는 능력, 목표를 세우고 시간을 관리하는 능력, 소통하고 설득하는 능력 등 어느 분야에서나 중요한 능력을 함께 교육하고자 합니다. 또한 학생들과 지속적으로 진로 상담을 해서 원하는 커리어를 어떻게 달성할 수 있는지 함께 고민하고 적극적으로 지원할 예정입니다"

"저의 궁극적인 목표는 한국에서 노벨과학상이 꾸준히 나올 수 있도록 강의, 연구, 세미나 등 여러 방면에서 기여하는 것입니다. 지난 30년간 노벨생리의학상 수상자 절반이 의사과학자였지만, 우리나라의 의사과학자 비율은 1%도 되지 않습니다. 기초의학과 의사과학자 프로그램을 확대해서 한때는 과학자가 꿈이었을 의대생들이 의사과학자가 되는 데 도움을 주고 싶습니다"

3 지원동기

구체적인 예시를 드는 것이 좋습니다. **아무런 인연이 없으면 탈락**할 가능성이 큽니다. 성장 과정, 가족, 친척, 종교, 지도교수님, 세미나, 학회 등 모든 연결 고리를 동원하여 해당 학교에 좋은 인상을 받아서 지원한다고 적으시면 무난합니다. 한국이 연고주의가 심하다고 비판하는 경우가 많지만, 그만큼 활용되는 데에도 나름의 이유가 있습니다. 학교에서 여러분을 아는 사람이 한 명도 없으면, 검증을 할 수 없으므로 굳이 위험을 감수하려고 하지 않습니다.

"2005년, 저는 연세대학교 과학영재교육원 7기로 선발되어 2년 동안 화학 수업을 들으며 과학자의 꿈을 키웠습니다. 이후 서울대학교 화학부를 졸업했고 의학과의 융합연구를 진행하고자 KAIST 의과학대학원에 진학했습니다. 대사비만당뇨통합연구실(지도교수: 서재명)에서 석박사통합과정으로 있는 동안 생리학, 내분비학, 대사학 등 다양한 분야를 접했습니다"

쓰다 보니 또 평판 관리로 끝났네요. 다음 장에서는 면접과 발표 준비에 대해서 말씀드리겠습니다.

합격률을 높이는 면접과 발표 전략

이제 왜 학교에서 여러분을 뽑으려고 하는지 파악해야 합니다. 즉, 정보의 비대칭을 극복해야 합니다.

1 │ 면접

학교에서는 서류를 통해 여러분을 잘 알게 되었습니다. **이제 여러분이 학교를 파악해야 할 시간**입니다. 구글링을 통해 신문 기사, 보도자료들을 보아야 합니다. 더불어 학교 또는 학과의 홈페이지를 잘 살펴보면 보면 향후 5년 이내에 어떤 계획이 있는지 알 수 있습니다. 즉 무슨 사업이나 과제에 신경을 쓰고 있는지 신임 교수에게 원하는 것은 무엇인지 파악할 수 있습니다.

제가 파악한 신임 교원 채용 이유는 크게 세 가지입니다. 1) **퇴직이나 이직**으로 인해 해당 전공, 강의를 충원해야 할 때, 2) **새로운 대형 과제**를 지원하기 위해 특정 전공의 보충이 필요할 때, 3) 학교에서 여러 가지 이유로 **밀고 있는 전공**일 때. 사실 이런 정보는 지원자 입장에서는 알기 어렵습니다.

그래서 면접 일자가 잡히면 그전에 **해당 학교에 견학** 가보는 것을 추천해 드립니다. 학교 차원에서 달성했거나, 신경 쓰고 있는 사업이 있으면 학교에 들어가자마자 알 수 있습니다. 해당 단과대학 또는 학과 건물 근처에 현수막과 게시판, 또 건물 내부 게시판을 살펴보세요. 인터넷에서 얻을 수 없는 교내 정보들을 얻을 수 있습니다. 면접은 학교마다 형태와 차수가 다양하여 왕도가 없습니다. 다만 이런 정보를 미리 알아두면 면접 시 자신감을 가질 수 있습니다.

예를 들어 제가 임용 전 연세대학교 원주의과대학에 대해 파악한 정보는 아래와 같습니다.

1) MRC 선도연구센터 종료 예정
2) 융합형 의사과학자 양성사업 단독 진행 중
3) 2025년 새 병원 별관, 2028년 본관 건축

임용 후 알게 된 정보들은 아래와 같습니다.

1) 화학 수업 담당 교수님이 퇴임하여 후임자 필요

2) MRC 선도연구센터 재진입 준비(최종 선정)
3) BK21 FOUR 신청 상태(최종 선정)

또 한 가지 중요한 부분은 면접에 들어올 분들과 내적 친밀감(?)을 쌓아두는 것이 좋습니다. 얼굴을 많이 봐둔 사람이면 덜 긴장됩니다. 같은 학과 교수님들과 학과장님, 학장님, 총장님의 보도자료 등을 통해 다양한 사진이나 영상을 확인해 두는 것이 좋습니다. 사진을 한 장만 봐두면 실물과 너무 달라서 오히려 당황할 수도 있습니다.

2 발표

발표 형식도 학교마다 아주 다양하지만, 저는 **20분 연구계획 발표 기준으로 22페이지**를 준비했으며 서론(6페이지), 주 연구주제(10페이지), 그 외 연구주제(1페이지), 추후 계획(5페이지)으로 구성했습니다.

제목

논문이나 학위 제목을 그대로 쓰시면 안 됩니다. **전체 내용을 포함할 수 있는 제목**을 사용하시는 것이 좋습니다. 제 경우 초빙공고 내용이 '대사 및 미토콘드리아 의학'이었기 때문에 발표 제목은 "The unfinished puzzle: An integrated exploration of mitochondrial uncharacterized proteins"로 정했습니다.

서론

학과에서 관심을 가질 만한 학문적 내용이되 **포괄적인 내용에서 구체적인 내용**으로 말씀하시는 것이 좋습니다. 저는 첫 2페이지는 화학과 의학 사이 학문적 융합에 대해서, 1페이지는 그래픽 초록처럼 자신을 한눈에 소개하는 내용, 나머지 3페이지는 연구 관련 배경을 설명했습니다.

연구주제

주 주제로 2개의 논문을 소개했기 때문에 각각 5페이지씩 사용했습니다. 출판한 논문이 많으시더라도 시간적 한계가 있어서 가장 영향력 있는 **두세 개의 논문**(10~12페이지)을 발표하시는 것이 적당한 것 같습니다. 각 주제의 마지막 슬라이드에는 바로 수행할 수 있는 후속 연구를 제시하여 준비되어 있다는 인상을 보여주는 것이 좋습니다. 그 외 주제 1페이지에는 그 외 자랑거리들 정리하여 보여주시면 됩니다.

추후 계획

먼저 2페이지는 **그동안의 연구와 일관성 있으면서 확장되는 연구계획을** 제시했습니다. 나머지 2페이지는 다양한 과제 정보, 공동 연구계획에 대해서 정리했습니다. 마지막 페이지는 포부 또는 궁극적인 목표에 대해 적었고, 마무리 페이지는 해당 학교의 가장 멋있는 전경 사진을 이용했습니다.

보충 자료

선행연구 내용 중 가장 큰 약점에 대한 대응을 준비했습니다. 보통 논문 심사 과정에서 날카로운 지적들이 있는데, 그때의 답변을 참고했습니다. 실제로 구체적인 내용을 물어보는 경우는 많지 않지만, 대응을 준비했다는 것만으로 심적 안정감을 얻을 수 있습니다.

이외로, 지방에 있는 대학의 경우 이직이 잦기 때문에 지원자의 충성도를 의심할 수 있습니다. 임용될 경우 **가족이 모두 이사할 계획이라면 긍정적으로 평가**받을 수 있습니다. 혼자만 이사하거나 통근해야 할 경우, 관련 질문이 나왔을 때 불가피한 사정을 잘 설명하시는 것이 좋을 것 같습니다.

3 질의응답

무시무시한 시간이 다가왔습니다. 가장 예측하기 어렵고, 인상이 갈리는 순간이기도 합니다. 만약 면접 준비에 시간이 남는다면 예상 질문과 답변을 최대한 많이 만들어서 준비하시면 좋을 것 같습니다. **제가 답변하기 가장 어려웠던 질문들**을 몇 개 말씀드리겠습니다. 각자의 상황이 모두 다르실 테니 정답은 없지만, 한 번쯤은 잘 생각해 보시면 도움이 되실 것 같습니다.

Q1) 연구자로서 본인만의 가장 큰 차별점은 무엇인지?

지원자의 우수성과 학교에 어떤 도움이 될 수 있는지 묻는 질문

Q2) 본인의 가장 큰 약점은 무엇이고 학교에서 어떻게 극복할 것인지?

지원자의 자기 객관성과 학과 교수님들의 강점 또는 특징에 대해서 잘 알고 있는지 묻는 질문

Q3) 박사 및 박사후과정 지도교수의 연구 방향과 어떤 차이가 있는지?

지원자가 본인만의 연구 분야를 개척하여 연구비 수주가 가능한지 묻는 질문

마지막으로 도서 2권을 추천해 드리고자 합니다. 제가 쓴 책이면 좋겠지만… 저도 큰 도움을 받은 책입니다. 대학원이나 임용 관련해서 책이 여럿 있지만 그중에서도 《대학원생 때 알았더라면 좋았을 것들》은 저자 중 최윤섭 작가님이 전산생물학 전공이고 《과학자가 되는 방법》은 남궁석 작가님이 구조생물학 전공이셔서 잘 와닿았습니다. 박사후과정 분들뿐만 아니라 대학원생분들에게도 적극적으로 추천합니다. 행운이 함께하기를 기원합니다.

Special Section.

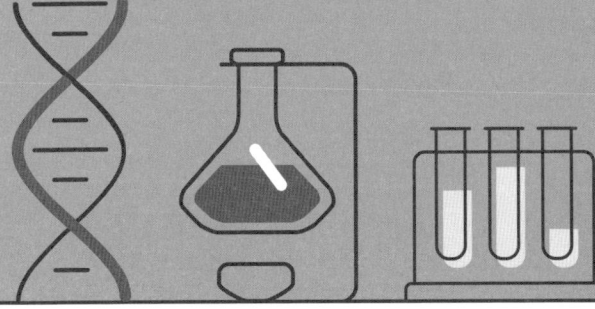

노벨상으로 배우는 의과학

노벨상 한두 개는 집에 있잖아요?

이 스페셜 섹션에서는 의과학 분야 노벨상에 대해서 말씀드리 겠습니다. 첫 번째 주제는 노벨상을 2개 이상 가진 가족들입니다.

1 당사자

대한민국은 통틀어 노벨상을 두 번 받았지만(2000년 노벨평화상, 2024년 노벨문학상) 살아 있으면서 노벨상을 두 번씩 받은 분들이 있습니다. 그것도 5명이나 있습니다.

첫 번째는 마리 퀴리(Marie Curie)입니다. 1903년에 방사성 물질에 대한 연구로 노벨물리학상을 수상했고, 8년 후인 1911년에 라듐과 폴로늄 연구로 노벨화학상을 수상했습니다. 서로 다른 분야에서 노벨과학상을 받은 유일한 인물입니다. 노벨상 초기에 핵화학 연구자들이 많이 수상했는데, 이는 **오랜 연금술사들의 꿈이었던 원소의 변환이라는 개념이 실현**되었기 때문이라는 해석이 있습니다.

두 번째 인물은 라이너스 폴링(Linus Pauling)입니다. 1954년에 화학 결합에 대한 연구로 노벨화학상을 받았고, 1962년에 반핵 운동으로 노벨평화상을 받았습니다. 폴링은 '전기 음성도' 개념의 도입으로 가장 잘 알려져 있습니다. 하지만 말년에는 비타민 C의 과량 섭취가 무조건 좋다는 다소 극단적인 주장을 하기도 했습니다(메가 도즈 비타민 C 요법은 신장결석을 유발할 수 있습니다). 또한 왓슨과 크릭 이전에 DNA가 삼중나선 구조일 것이라 제안한 적도 있습니다. 그러니까, **노벨상 받은 과학자도 항상 맞는 말만 하는 건 아닙니다.**

세 번째는 존 바딘(John Bardeen)입니다. 1956년 트랜지스터 발명과 반도체 연구로 노벨물리학상을 수상했고, 1972년에 초전도성에 관한 이론으로 노벨물리학상을 수상했습니다.

네 번째는 프레더릭 생어(Frederick Sanger)입니다. 1958년에 인슐린 서열을 해독하여 노벨화학상을 받았고, 1980년에는 DNA 서열을 해독하여 노벨화학상을 받았습니다. 생어는 인슐린의 A 사슬과 B 사슬의 51개 아미노산을 모두 해독했고 이로써 **인류가 최초로 단백질 서열을 해독**하게 되었습니다. DNA 서열 해독 방법은 생어 시퀀싱으로 잘 알려져 있습니다. 생어 시퀀싱은 인간 게놈 프로젝트(Human Genome Project)에도 활용되었습니다.

다섯 번째 과학자는 배리 샤플리스(Barry Shapless)입니다. 2001년에 키랄 선택적인 반응으로 노벨화학상을 수상했고, 최근 2022년에 클릭 화학으로 두 번째 노벨화학상을 수상했습니다. 키랄 선택적인 반응은 특정 **광학이성질체 약물을 합성하는 데 활용**되고 있고, 클릭 화학은 화학생물학 분야에서 세포 내에서 특정 분자만 분리하는 기술로 활용되고 있습니다.

2 | 형제

형제가 노벨상을 받은 경우는 딱 한 번 있습니다. 얀 틴베르헌(Jan Tinbergen)은 계량 경제학을 제안하여 1969년 노벨경제학상을 수상했습니다. 네 살 동생인 니콜라스 틴베르헌(Nikolaas Tinbergen)은 1973년 동물의 행동 패턴에 관한 연구로 노벨생리의학상을 수상했습니다. 이후 옥스퍼드 대학교 교수가 되었고 가장 유명한 박사 제자로는 리처드 도킨스(Richard Dawkins)가 있습니다.

아쉽게 놓친 예도 있습니다. 앤드루 헉슬리(Andrew Huxley)는 1963년에 축삭의 활동전위 연구로 노벨생리의학상을 수상했는데, 이복형제가 노벨문학상 후보로 아홉 번이나 올랐지만 끝내 받지 못했습니다. 그 형이 바로 《멋진 신세계》로 잘 알려진 올더스 헉슬리(Aldous Huxley)입니다. 참고로 또 다른 형인 줄리언 헉슬리(Julian Huxley)는 유네스코의 초대 사무총장이었고, 할아버지는 찰스 다윈의 불독으로 잘 알려진 토머스 헉슬리(Thomas Huxley)입니다.

3 부부

부부가 수상한 경우는 6회 있습니다. 첫 번째와 두 번째는 뒤에서 말씀드리고 세 번째부터 먼저 말씀드리겠습니다.

세 번째는 1947년 노벨생리의학상을 공동 수상한 칼 코리(Carl Cori)와 거티 코리(Gerty Cori)입니다. 생화학에서 **코리 회로로 유명한 글리코겐과 당 대사를 연구**했습니다. 두 분은 프라하에서 처음 만났고, 학교는 달랐지만, 동갑이어서 같은 해에 의대를 졸업하고, 같은 해에 박사 학위를 받았다고 합니다. 거티 코리는 당시 노벨상을 받은 세 번째 여성이자, 노벨생리의학상 수상자 중에는 최초의 여성이었습니다.

네 번째는 1974년에 경제, 사회, 정치적 과정에 관한 연구로 노벨경제학상을 수상한 군나르 뮈르달(Gunnar Myrdal)과 1982년 핵확산 저지로 노벨평화상을 받은 알바 뮈르달(Alva Myrdal) 부부입니다.

다섯 번째는 뇌에서 위치 정보를 인식하는 Grid cell을 발견한 공로로 2014년 노벨생리의학상을 공동 수상한 에드바르 모세르(Edvard Moser)와 마이브리트 모세르(May-Britt Moser) 부부입니다. 1985년 학생 때 결혼하여 같은 연구실에서 박사 학위를 받았습니다. 이후 2016년에 이혼을 발표했지만, 현재도 **같은 연구실에서 공동 그룹리더로 함께 연구**하신다고 합니다…

여섯 번째는 2019년 빈곤 경감을 위한 실험적 접근이라는 주제로 노벨경제학상을 공동 수상한 아브히지트 바네르지(Abhijit Banerjee)와 에스테르 뒤플로(Esther Duflo) 부부입니다. 뒤플로는

1972년 출생인데 만 29세인 2002년에 MIT의 종신교수가 되어 당시 최연소 기록을 세웠습니다. 2015년에 자신의 박사 지도교수(!)였던 아브히지트 바네르지와 결혼했습니다.

4 아버지와 아들

부자가 노벨상은 받은 사례는 일곱 번 있었습니다. 뒤에 끝판왕이 있어서 간단하게만 적겠습니다.

1906년 노벨물리학상 조지프 존 톰슨
- 1937년 노벨물리학상 조지 패짓 톰슨

1915년 노벨물리학상 공동 수상 헨리 브래그
- 로렌스 브래그(당시 26세 최연소)

1922년 노벨물리학상 닐스 보어
- 1975년 노벨물리학상 오게 보어

1924년 노벨물리학상 칼 시그반
- 1981년 노벨물리학상 카이 시그반

1929년 노벨화학상 한스 오일러(발효)

- 1970년 노벨생리의학상 울프 오일러(노르에피네프린)

1959년 노벨생리의학상 아서 콘버그(DNA 합성효소)
- 2006년 노벨화학상 로저 콘버그(RNA 합성효소)

1982년 노벨생리의학상 수네 베리스트룀(프로스타글란딘)
- 2022년 노벨생리의학상 스반테 페보(고대 유전체)

5 끝판왕

앞에서 다 말씀드리지 못한 부분이, 바로 노벨상 6개를 받은 퀴리 가족입니다. 마리 퀴리가 두 번 받았고, 2대에 걸쳐 부부로 공동 수상 하고, 최초로 모녀가 노벨상을 받았으며, 노벨상 수상자 중 최초와 두 번째 여성이 나오기도 했습니다. 정리하면 다음과 같습니다.

1903년 노벨물리학상 공동 수상 피에르 퀴리 - 마리 퀴리

1911년 노벨화학상 마리 퀴리

1935년 노벨화학상 공동 수상 이렌 졸리오퀴리(장녀)
- 프레데리크 졸리오(제자이자 사위)

1965년 노벨평화상 헨리 라부아스(둘째 사위, 유니세프)

차녀인 이브 퀴리(Eve Curie)는 **우리 집에서 나만 노벨상이 없어서 집안의 수치**라는 농담을 했다고 합니다. 다만 당시 프랑스 최고의 미인으로 불렸고, 《퀴리 부인전》을 썼으며, 유니세프에서 활동해 인기는 상당히 많았다고 합니다.

대한민국에서도 토대가 마련되고 잘 전수된다면 노벨과학상 수상이 여러 번 나올 수 있지 않을까 합니다. 마리 퀴리의 손주인 엘렌 랑주뱅졸리오와 피에르 졸리오도 프랑스의 대표 과학자가 되어 레지옹 도뇌르 훈장을 받았고, **증손주인 마르크 줄리오와 알랭 줄리오 역시 과학자**입니다.

비타민이 받은 노벨상, 몇 개일까요?

이번에는 비타민에 대해서 말씀드리려고 합니다. 비타민 연구가 노벨상을 받았다는 말은 들어보셨을 텐데, 혹시 몇 번 받았는지도 아시나요? **무려 여섯 번에 걸쳐 9명이 비타민 연구로 노벨상**을 받았습니다. 그럼 한 명씩 알아보겠습니다.

1 1928년 노벨화학상 - 아돌프 빈다우스(Adolf Windaus)

첫 번째는 스테롤과 비타민 D의 관계를 발견한 빈다우스입니다. 구루병은 비타민 D 결핍으로 인해 뼈가 굽는 병인데, 빈다우스는 스테롤의 일종인 에르고스테롤(Ergosterol)로 구루병을 치료할 수 있다는 사실을 알아냈습니다. 그리고 궁극적으로 에르고스테롤이 자외선에 의해 비타민 D로 전환된다는 사실을 밝혔습니다.

뼈가 굽는 병의 치료법이 햇빛을 쬐는 것이라고 한다면, 정말 마법 같은 일일 겁니다. 빈다우스는 그 햇빛이 어떻게 구루병을 나을 수 있는지 기전적 토대를 제안했습니다. 훗날 인체의 피부에서도 이와 유사하게 7-디하이드로콜레스테롤(7-dehydrocholesterol)이 자외선에 의해 비타민 D3로 전환된다는 사실이 밝혀졌습니다.

2 1929년 노벨생리의학상 - 프레더릭 홉킨스(Frederick Hopkins) & 크리스티안 에이크만(Christiaan Eijkman)

두 번째는 비타민의 존재를 예측한 홉킨스와, 비타민 B1(티아민)을 발견한 에이크만입니다. 먼저 홉킨스는 순수한 단백질, 탄수화물, 지방, 무기질, 물을 동물에게 주어도 정상적으로 성장하지 않는 것을 관찰하여, 또 다른 영양소(비타민)가 존재할 것으로 예측했습니다. 홉킨스는 아미노산 중 하나인 트립토판을 발견하기도 했습니다.

에이크만은 각기병(베리베리병)이 비타민 결핍과 관련되어 있다는 사실을 밝혔습니다. 각기병은 근육 감소와 마비 증상으로 다리를 사용할 수 없는 병인데, 우연히 도정된 쌀만 먹는 말에서 비슷한 증상을 관찰했습니다. 그 이후 쌀 껍질에서 각기병을 막아주는 물질인 비타민 B1을 찾아냈습니다.

잘 알려지지 않았지만, **세계 최초로 비타민을 발견한 과학자는 스즈키 우메타로**입니다. 1910년 겨 안에서 오리자닌(비타민 B1)을 최초로 분리하고 항각기병 인자로 제시하여 도쿄화학회지에 연구 결과를 발표했습니다. 당시 일본에서도 각기병 때문에 수만 명이 죽었거든요. 그런데 왜 노벨상을 받지 못했을까요?

이에 대해서는 여러 가지 설들이 있습니다. 첫째로 스즈키의 논문이 일본어로 출판되었기 때문에 독일어로 번역되는 과정 중에 주목받기 어려웠다는 설입니다. 둘째로 스즈키가 도쿄대 농대 출신이었기 때문에, 각기병의 세균 원인설을 지지했던 도쿄대 의대에서 지원해 주지 않았다는 설입니다. 마지막으로, 당시의 과학계에서 일본인에게 노벨상은 아직 이르다는 분위기가 있었다고 합니다.

실제로 일본에서 노벨상은 스즈키의 발견 39년 이후 1949년 물리학에서 나왔습니다(유카와 히데키, 교토대 물리학과 졸업). 다른 상은 훨씬 더 오래 걸려서 화학상은 1981년(후쿠이 겐이치, 교토대 공업화학과 졸업), 생리의학상은 1987년에(도네가와 스스무, 교토대 화학과 졸업) 나왔습니다. **도쿄대 의대 출신은 아직 없습니다.**

3~4 1937년 노벨생리의학상 – 얼베르트 센트죄르지
(Albert Szent-Györgyi) / 1937년 노벨화학상 –
노먼 하스(Norman Haworth) & 파울 카러(Paul Karrer)

세 번째와 네 번째는 비타민 C의 기능을 밝힌 센트죄르지, 비타민 C의 구조를 밝힌 하스, 비타민 A와 B2를 규명한 카러입니다. 매우 이례적으로, **같은 해에 생리의학상과 화학상 모두 비타민 연구가 받았습니다.**

괴혈병(Scurvy)은 잇몸 출혈로 잘 알려져 있지만 추가로 무기력감, 출혈성 질병, 빈혈 등이 나타날 수 있는 병입니다. 센트죄르지는 지금의 비타민 C인 헥수론산(Hexuronic Acid)을 최초로 분리했고 이를 복용하면 괴혈병을 치료할 수 있다는 사실을 밝혔습니다. 추가로 퓨마르산(Fumaric Acid)의 대사에 관해서도 연구했습니다.

이름에서 보듯 헥수론산는 육탄당(Hexose)에서 비롯된다는 것은 알았지만 화학적 구조는 알 수 없었습니다. 하워스는 파프리카에서 비타민 C를 추출하여 정확한 화학 구조를 발표했습니다. 이후 센트죄르지와 하워스는 공동으로 비타민 C의 이름을 항괴혈병 인자(Anti-scorbutic Factor)에서 따온 아스코르브산(Ascorbic Acid)으로 지었습니다.

사실 인간 외에 많은 동물은 비타민 C를 포도당에서 생합성할 수 있기 때문에 따로 섭취하지 않아도 됩니다. 대신 인간은 포도당에서 비타민 C를 공업적으로 합성할 수 있는 방법을 찾아냈습니다. 이후에도 다양한 합성 방법이 개발되어서, 현재는 **파프리카**

에서 추출하는 것보다 훨씬 저렴하게 공급할 수 있습니다.

1931년 카러는 간유(생선의 일종인 대구의 간에서 추출한 기름)를 이용하여 지용성 비타민 A를 분리했습니다. 비타민 A는 카로틴(Carotene)이라고도 불리고 당근에 많이 들어 있습니다. 카로틴 이름의 유래는 보시다시피 캐럿(Carrot)의 라틴어 어원 캐로타(Carota)에서 나왔습니다. 비타민 A의 명칭에는 레티놀(Retinol)과 레티날(Retinal), 레티노산(Retinoic Acid) 등을 포함하는데 이때 어원은 망막을 뜻하는 레티나(Retina)에서 나왔습니다. **당근 먹으면 눈에 좋다는 얘기가 여기서 나온 겁니다.**

그런데, **비타민 A를 최초로 분리한 사람은 카러가 아니라…** 스즈키 우메타로 연구실의 다카하시 가쓰미였습니다. 카러보다 17년 앞선 1914년 분리에 성공했지만 앞서 스즈키 우메타로의 사연과 비슷한 이유로 널리 알려지지는 못했습니다. 그래도 카러는 중요한 연구를 하나 더 했습니다. 바로 뒤에서 이어질 비타민 B2의 구조를 밝힌 것입니다.

5 1938년 노벨화학상 – 리하르트 쿤(Richard Kuhn)

당시 비타민 연구가 얼마나 파급력이 있었냐면, 바로 다음 해에 쿤에게 노벨상을 또 줬습니다. 다만 내부 선정 과정에 갈등이 있었는지(비타민 또 줘?) 1938년에는 선정이 유보되었다가 1939년에 수상을 결정했습니다.

그런데 당시는 나치 독일 시대였고 1935년 평화상을 독일의 반-나치 평화운동가인 카를 폰 오시에츠키(Carl von Ossietzky)가 받는 바람에 히틀러는 자신의 통치 기간 중 독일인의 노벨상 수상을 금지했습니다. 그래서 쿤은 1945년 히틀러의 자살 및 2차 세계대전이 끝난 후에야 메달을 받았다고 합니다.

비타민 얘기를 하고 있었지요. 쿤은 비타민 A, B2, B6에 관해 연구했습니다. **비타민 B2는 리보플라빈(Riboflavin)이라고도 하는데 플라빈(Flavin)은 라틴어로 노란색을 의미하는 플라버스(Flavus)에서 유래했습니다.** 혹시 국수는 흰색인데 라면은 왜 노란색인지 아시나요? 라면의 영양을 보충하고 색을 예쁘게 넣기 위해서 비타민 B2를 넣는다고 합니다. 종합비타민을 먹고 나서 소변이 유독 노랗게 되는 경우가 있는데 이때에도 비타민 B2 때문이라고 합니다.

리보플라빈은 세포 내에서 대사가 되면 FAD(Flavin Adenine Dinucleotide)로 변합니다. FAD는 시트르산 회로(크렙스 회로, 1953년 노벨생리의학상)를 통해서 FADH2로 환원되고 이후 전자전달계를 통해 ATP가… 더 지루한 내용은 생화학 교과서에 넘기도록 하겠습니다.

6 1943년 노벨생리의학상 - 헨리크 담(Henrik Dam) & 에드워드 도이지(Edward Doisy)

다음은 비타민 K를 발견하고 기능을 밝힌 담과 도이지입니다. 이분들도 1943년에는 선정이 유보되었다가(아니 비타민 또 준다고?)

1944년에 수상을 결정했습니다. 비타민 A, B, C, D 이야기를 하고 있다가 갑자기 K로 건너뛰게 되는데 일단 비타민 E까지는 있습니다. 다만 그다음이 K가 되는 이유는 비타민 K의 기능과 관련이 있습니다.

비타민 K는 혈액 응고 인자 생성에 관여합니다. 혈액 응고는 영어로 Coagulation이고 독일어로는 **Koagulation이라서 앞 글자를 따 비타민 K가 되었습니다.** 비타민 K의 발견으로 인해 어린이들의 출혈이나 멍을 치료하는 데 큰 도움이 되었다고 합니다. 도이지는 비타민 K의 구조를 규명해서 공업적으로 합성할 수 있는 토대를 마련했습니다. 다만 일반적으로는 장내 미생물이 섭취한 음식물에서 비타민 K를 합성할 수 있기 때문에 결핍이 많이 생기지는 않습니다.

요새는 비타민이 너무 흔하고 누구나 쉽게 구매할 수 있지만, 이런 세상이 되기까지는 많은 연구가 필요했습니다. 앞선 노벨상 수상자들은 그동안 몰랐던 질병의 원인을 규명하고 명료한 해결 방법을 제시했습니다. 즉, 특정 물질이 부족하면 병에 걸리고, 보충하면 병이 낫습니다. 심지어 자연에서 추출할 필요도 없고 저렴하게 합성할 수 있습니다. 앞으로 많은 약들이 비타민처럼 접근성이 좋아지는 세상이 오기를 희망합니다(최근 개발된 유전자 편집 치료제 카스게비의 가격은 29억 원이라고 합니다).

병원에서 현실이 된 혁신 기술

이번 장에서는 병원에서 활용되고 있는 노벨상 연구를 소개하고자 합니다. 노벨상 연구라고 하면 아주 학문적일 것 같지만 실생활에서 응용되고 있는 기술도 많이 있습니다.

1 | 1930년 노벨생리의학상 - 칼 란트슈타이너(Karl Landsteiner)

혈액형부터 시작하겠습니다. 혈액형은 수혈에 필요하므로 병원에서 필수적인 자료로 사용됩니다. 란트슈타이너는 1900년에 ABO식 혈액형을 발견하여 안전한 수혈에 기여했고 1930년에 노벨생리의학상을 수상했습니다. 1937년에는 제자와 함께 새로운 혈액형도 찾아냈는데, 연구에 사용했던 붉은털원숭이(Rhesus Monkey)의 앞 글자를 따서 Rh 혈액형으로 명명했습니다.

모든 사람이 자신의 혈액형을 잘 알고 있다고 생각하지만⋯ 한 연구에 따르면 **2%의 환자가 본인의 혈액형을 잘못 알고 있다**고 합니다(조경미 외, 〈채혈 시 환자가 인지하는 혈액형 확인: 정확한 환자 확인 및 ABO 검사를 위한 추가 단계〉, 2014). 병원이 정확하니 병원을 믿으세요.

란트슈타이너는 빈에서 주로 연구했는데 당시 빈에서는 미술가인 구스타프 클림트(Gustav Klimt)도 활동하고 있었습니다. 그래서 예술 비평가인 켈리 그로비에(Kelly Grovier)는 클림트의 1908년 작 〈키스(The Kiss)〉의 드레스 패턴이 세포와 혈액형을 나타낸다고 해석하기도 했습니다. 고려대 의과대학 유임주 교수님께서도 미국 의사협회저널(JAMA) 논문과 《클림트를 해부하다》 책에서 이 패턴을 인간 세포의 발생과 관련지어 설명하신 적이 있습니다.

✚ 구스타프 클림트, 〈키스〉

2   1939년 노벨화학상 - 아돌프 부테난트(Adolf Butenandt) & 레오폴트 루지치카(Leopold Ruzicka)

성호르몬 연구도 노벨상을 받았습니다. 부테난트는 여성 호르몬 중 에스트론(Estrone), 또 남성 호르몬 중 안드로스테론(Androsterone)을 분리하고 구조를 규명했습니다. 15mg의 안드로스테론을 얻기 위해서 15톤의 남자 소변을 이용했다고 합니다. 루지치카는 콜레스테롤로부터 남성 호르몬을 합성하는 데 성공했습니다.

당시 성호르몬 연구는 매우 경쟁적이었습니다. 이전 장에서 비타민 K를 발견한 에드워드 도이지(Edward Doisy)도 1936년에 에스트라디올(Estradiol)을 분리했으며 에른스트 라쿼(Ernest Laqueur)도 1935년에 테스토스테론(Testosterone)을 분리했지만, 중요성을 인정받지 못해 수상에는 실패했습니다. 나중에야 체내에서 가장 활성이 높은 구조는 여성 호르몬의 경우 에스트라디올, 남성 호르몬의 경우 테스토스테론이라는 것이 밝혀졌습니다. **노벨상은 정확도보다 개념을 처음 입증한 사람**에게 돌아가는 것 같습니다.

이름에서 보듯 아돌프 부테난트는 독일인입니다. 그래서 앞서 설명해 드린 것처럼 아돌프 히틀러가 살아 있는 동안에는 메달을 받지 못했습니다. 또한 부테난트의 박사 지도교수는 이전 글에서 비타민 D 연구로 1928년 노벨화학상을 수상한 아돌프 빈다우스입니다. 아돌프가 당시 독일에서 흔한 이름이라 이렇게 되었는데 우리나라에서도 김 교수 제자 김 교수와 또 다른 김 교수가 노벨상을 받게 될지도 모르겠네요.

3~4 1943년 노벨화학상 – 게오르크 헤베시(George de Hevesy) /1979년 노벨생리의학상 – 앨런 코맥(Allan Cormack) & 고드프리 하운스필드(Godfrey Hounsfield)

다음은 의료영상 장치 관련 내용입니다. 헝가리 화학자인 헤베시는 **동위원소를 이용한 화학반응 추적 방법**을 개발했습니다. 납의 방사성 동위원소를 이용하여 단계마다 방사선량을 측정하면 반응을 추적할 수 있었습니다. 동위원소를 이용한 추적 아이디어는 시간이 흘러 F-18 FDG(Fluorodeoxyglucose)의 개발로 이어졌습니다. 포도당(Glucose)에서 -OH 기를 불소 동위원소(F-18)로 치환하면, 체내에서 불소 동위원소가 산소로 붕괴하면서 양전자(Positron)가 방출되고 이를 검출할 수 있습니다. 포도당이 많이 사용되는 곳, 즉 세포 대사가 활발한 종양 조직 등의 위치를 알 수 있습니다. 이를 양전자 방출 단층 촬영(Positron Emission Tomography, PET)이라고 합니다.

1979년 노벨생리의학상은 **이례적으로 물리학자인 코맥과 전기공학자인 하운스필드가 수상**했습니다. 이를 이해하려면 처음으로 돌아가야 합니다. 1901년 최초의 노벨물리학상은 X선 연구를 했던 빌헬름 뢴트겐(Wilhelm Röntgen)에게 주어졌습니다. X선은 신체 내부 이미지를 얻을 수 있었기 때문에 의학에서 많이 사용했지만, 단면만 볼 수 있다는 단점이 있었습니다. 코맥은 다양한 각도에서 X선을 조사한 뒤 3차원 구조로 재구성하는 계산 방법을 제시했습니다. 그런데 이론만 있다고 기계가 만들어지지는 않지요. 하운스필드는 이 이론을 실제 장치로 구현했습니다. 이 방법은 컴퓨터를 이용해 입체 형태를 계산했기 때문에 컴퓨터 단층 촬영(Computer-assisted Tomography, CT)으로 불리게 되었습니다.

5 2002년 노벨화학상 - 존 펜(John Fenn) & 고이치 다나카(Koichi Tanaka) & 쿠르트 뷔트리히(Kurt Wüthrich)

다음 기술은 질량 분석법(Mass Spectrometry)과 핵자기공명분석법(Nuclear Magnetic Resonance, NMR)입니다. 두 기술은 미지 화합물의 질량이나 구조를 밝힐 수 있습니다. 앞서 말씀드린 생어 시퀀싱 또는 차세대 시퀀싱(Next-generation Sequencing, NGS)으로 대표되는 유전체 연구는 거의 보편화되었기 때문에, **선도 연구 그룹에서는 질량 분석법과 NMR을 사용하여 환자의 혈액, 소변, 조직 등에서 단백체와 대사체 연구를 진행**하고 있습니다.

질량 분석은 1906년 노벨물리학상 수상자인 조지프 존 톰슨(Joseph John Thomson)의 연구에서 시작되었다고 평가합니다. 전자를 발견하면서, 전하를 띤 입자의 움직임에 대한 이론이 제안되었습니다. 세월이 많이 흘러 1989년 노벨물리학상의 절반은 한스 데멜트(Hans Dehmelt)와 볼프강 파울(Wolfgang Paul)에게 주어졌는데, 이들이 개발한 이온 트랩을 통해서 더 정확한 분석이 가능해졌습니다. 2002년 펜과 다나카는 각각 전기 분무 이온화(Electrospray Ionization, ESI)와 매트릭스 보조 레이저 탈착 이온화(Matrix Assisted

Laser Desorption Ionization, MALDI)라는 연성 이온화 방법을 개발해 시료의 파괴 없이 이온을 만들 수 있게 되었습니다.

당시 다나카는 시마즈라는 회사의 연구원이었기 때문에 학계에서는 잘 알려져 있지 않았습니다. 노벨상 발표 후 알게 된 사실은… **다나카에게 석박사 학위가 없다**는 점입니다. 최종 학력이 학사 학위인 수상자는 현재까지도 다나카와 하운스필드뿐이며, 석사 학위로 넓히더라도 앞에 나온 코맥, 2002년 노벨물리학상 수상자 잭 킬비, 2015년 중국 최초 노벨생리의학상 수상자 투유유까지 3명뿐입니다.

일찍이 전기와 자기의 연결 관계는 물리학에서 잘 알려져 있었고, 관련 분야도 전자기학(Electromagnetism) 한 단어로 부릅니다. 이론적으로 원자에도 핵과 전자가 있으므로 자기적 성질이 나타날 수 있는데 얼마나 신기했는지 2002년 뷔트리히 이전에 네 번이나 노벨상을 받았습니다. 양성자의 자기성에 대한 연구로 오토 슈테른(Otto Stern)이 1943년 노벨물리학상을 받았고, 원자핵의 자기 공명에 대한 연구로 이지도어 라비(Isidor Rabi)가 1944년 노벨물리학상을 수상했습니다. 이후 핵 자기장을 정밀하게 측정하는 방법을 개발하여 펠릭스 블로흐(Felix Bloch)와 에드워드 퍼셀(Edward Purcell)이 1952년 노벨물리학상을 받았고, 1991년 노벨화학상 수상자인 리하르트 에른스트(Richard Ernst)는 자기 공명 주파수의 측정이 가능한 NMR 장치를 개발했습니다.

배경 설명이 길었습니다. NMR을 이용하면 주로 작은 화합물의 구조를 결정할 수 있었는데, 뷔트리히는 이를 응용한 다차원 NMR을 통해 분자량이 훨씬 큰 단백질의 구조를 용액 내에서 해석했습니다. 분석 기기에 대한 내용은 BRIC에 '분석장비 탐험가'님의 좋은 연재가 있으니 참고하세요.

6 2003년 노벨생리의학상 – 폴 라우터버(Paul Lauterbur) & 피터 맨스필드(Peter Mansfield)

죄송하지만 자기장 얘기 아직 안 끝났습니다. 바로 다음 해인 2003년 노벨생리의학상은 자기 공명 현상을 이용한 이미징 기술(Magnetic Resonance Imaging), 즉 MRI를 개발한 라우터버와 맨스필드에게 주어졌습니다. 우연의 일치로 CT 개발자와 MRI 개발자에 이름에는 Field가 들어갑니다. 하하. 이후에는 fMRI(Functional MRI) 기술도 개발되어 뇌의 활성을 관찰하는 데 이용되고 있습니다.

7 2010년 노벨생리의학상 – 로버트 에드워즈(Robert Edwards)

마지막은 시험관 아기입니다. 과학적으로는 체외 수정(In Vitro Fertilization, IVF)이라고 합니다. IVF로 태어난 첫아기는 1978년 영국 출생 루이즈 브라운(Louise Brown)입니다. 현재는 슬하에 자연임신으로 가진 두 아들이 있습니다. 우리나라에서도 1985년에 처음

쌍둥이 남매로 탄생했고, 누나가 2019년에 자연임신으로 딸을 낳았습니다. 요즘 우리나라에서는 출산율이 낮다 보니 많은 분이 시험관 아기 시술을 받고 있지만, 초기에 개발되었을 때만 해도 윤리적이나 종교적으로 많은 논란이 있었습니다. **세월이 흐르면 사상도 바뀝니다.**

글을 작성하는 동안 《당신에게 노벨상을 수여합니다》 책이 큰 도움이 되었습니다. 노벨상 시상 연설을 번역한 내용인데, 노벨재단에서 공식적으로 작성한 내용이라 발견의 중요성과 파급력이 쉽게 잘 적혀 있습니다. 분야별로 나누어져 있어서 노벨상에 관심이 있다면 추천해 드립니다.

개인적으로는 조만간 노벨화학상에는 비접힘 단백질 반응(Unfloded Protein Response, UPR) 연구를 수행한 피터 월터(Peter Walter)와 모리 가즈토시(Kazutoshi Mori)가, 노벨생리의학상에는 광유전학(Optogenetics)를 연구한 페터 헤게만(Peter Hegemann)과 칼 다이서로스(Karl Deisseroth), 또는 GLP-1을 연구한 옌스 율 홀스트(Jens Juul Holst), 조엘 하베너(Joel Habener), 다니엘 드러커(Daniel Drucker)가 받지 않을까 합니다.

여러분의 세대에는 대한민국의 노벨과학상 수상자가 나오기를 희망합니다.

초판 1쇄 발행 2025. 4. 14.

지은이 김광은
펴낸이 김병호
펴낸곳 주식회사 바른북스

편집진행 김재영
디자인 김민지

등록 2019년 4월 3일 제2019-000040호
주소 서울시 성동구 연무장5길 9-16, 301호 (성수동2가, 블루스톤타워)
대표전화 070-7857-9719 | **경영지원** 02-3409-9719 | **팩스** 070-7610-9820

•바른북스는 여러분의 다양한 아이디어와 원고 투고를 설레는 마음으로 기다리고 있습니다.
이메일 barunbooks21@naver.com | **원고투고** barunbooks21@naver.com
홈페이지 www.barunbooks.com | **공식 블로그** blog.naver.com/barunbooks7
공식 포스트 post.naver.com/barunbooks7 | **페이스북** facebook.com/barunbooks7

ⓒ 김광은, 2025
ISBN 979-11-7263-314-1 03190

•파본이나 잘못된 책은 구입하신 곳에서 교환해드립니다.
•이 책은 저작권법에 따라 보호를 받는 저작물이므로 무단전재 및 복제를 금지하며,
 이 책 내용의 전부 및 일부를 이용하려면 반드시 저작권자와 도서출판 바른북스의 서면동의를 받아야 합니다.